DEPORTE Y GRAN DISCAPACIDAD

"Aportaciones y experiencias"

Francisco Cobo Sabariego

María C. Pérez Estévez

ISBN: 978-84-686-4171-3

ISBN digital: 978-84-686-4172-0

Editor Bubok Publishing S.L.

Impreso en España/Printed in Spain

Esta obra está dedicada con todo mi amor a mi mujer, María y a mis hijos Francisco y Candela

Francisco Cobo.

INDICE

1. INTRODUCCIÓN

Con este trabajo pretendemos mostrar como el deporte puede servir como instrumento de socialización de personas con parálisis cerebrales y grandes discapacitados motóricos, como instrumento para producir bienestar y una gran satisfacción en este colectivo.

En la primera parte hacemos una descripción de la parálisis cerebral y de los deportes que practican, estos deportes son la boccia y el slalom, centrándonos en los aspectos didácticos y técnicos de la boccia, mostrando la relevancia del slalom como actividad deportiva la cual proporciona a estos deportistas en silla de ruedas una gran autonomía para su vida diaria.

En la segunda parte nos centramos en los aspectos recreativos, terapéuticos y competitivos de la boccia, mostrando las distintas variantes que nos ofrece este deporte, tan específico de grandes discapacitados motóricos.

En la tercera parte mostramos un modelo para poner en práctica actividades deportivas para grandes discapacitados en la escuela, pues pensamos que el deporte para grandes discapacitados no se puede quedar fuera de la escuela, esta tiene que ser sensible y debe dar la oportunidad a todos los alumnos, incluidos los alumnos con discapacidad.

En la cuarta parte mostramos otro modelo para llevar la actividad deportiva y recreativa a personas con discapacidad y personas mayores que vivan en entornos rurales. En las ciudades nos encontramos con muchos más recursos de carácter lúdico, pero en las zonas rurales es más difícil encontrarlos y mucho menos para personas con discapacidad, este modelo presenta la posibilidad de acercar estos deportes a estas poblaciones con menos recursos.

Pretendemos hacer una pequeña aportación al mundo de la discapacidad, ofreciendo alternativas y posibilidades a una población que no suele tenerlas si no es con la ayuda de terceros.

En la quinta parte muestro un ejemplo de cómo se puede preparar una sesión de entrenamiento de boccia, a modo orientativo.

En la sexta parte aporto el contenido de un curso de técnicos de boccia que impartí con el objetivo de dotar a los voluntarios, de varios clubes de Andalucía, de las herramientas necesarias para afrontar los entrenamientos con más soltura y seguridad antes estos.

En la séptima parte, hago una revisión de mi paso por la boccia, es una visión muy personal y agradecida de este deporte y de las personas que me han acompañado y he conocido a lo largo de todos estos años.

2. PRIMERA PARTE:

DESCRIPCION PARÁLISIS CEREBRAL, BOCCIA Y SLALOM.

A continuación presentamos una descripción de la parálisis cerebral recogida de la página web de la Confederación ASPACE así como distintos aspectos de esta como los tipos de parálisis cerebral, efectos de la parálisis cerebral y dificultades asociados a la parálisis cerebral.

2.1. ¿Qué es la Parálisis Cerebral?

El término parálisis cerebral define a una lesión en el cerebro antes de que su desarrollo y crecimiento sea completo. De carácter permanente y no progresivo, este trastorno es irreversible, pero no degenerativo; es decir, ni aumenta ni disminuye, simplemente acompaña al individuo durante toda su vida.

¿Cómo podemos detectar esta disfunción? Los sujetos que presentan esta alteración sufren un daño en la función motora que se traduce en un desorden permanente y no inmutable del tono, la postura y el movimiento. Esta lesión, además, puede generar cambios en otras funciones superiores o interferir en el desarrollo del sistema nervioso central.

La parálisis cerebral es una discapacidad aún bastante poco conocida en la sociedad. Puede ocurrir durante la gestación, el parto o los tres primeros años de vida de un niño, período de tiempo en el que el sistema nervioso central está en plena maduración. Esta lesión también puede afectar a otras funciones superiores, como la atención, la memoria, la percepción, el lenguaje y el razonamiento. El número de funciones dañadas dependerá, en todo caso, del tipo, localización, amplitud y disfunción de la lesión neurológica.

En cuanto a su intensidad, vendrá determinada por el momento concreto en que se produce el daño, por el nivel de maduración del encéfalo. Así podemos encontrarnos con personas que conviven con una parálisis cerebral que apenas se detecta, frente a otras que no pueden valerse por sí mismas al completo y necesitan de los cuidados y atenciones de terceras personas para su vida diaria.

PRINCIPALES TIPOS DE PARÁLISIS CEREBRAL

La parálisis cerebral (PC) no permite o dificulta los mensajes enviados por el cerebro hacia los músculos, obstaculizando su movimiento.

Hay diversos tipos dependiendo de las diferentes órdenes cerebrales que no se producen correctamente. Muchas de las personas con parálisis cerebral tienen una combinación de dos o más tipos. En función de:

1. Trastorno Tónico-Postural

- **Parálisis Cerebral Espástica: "Hipertónica"**

Espasticidad significa rigidez; las personas que tienen esta clase de PC encuentran dificultad para controlar algunos o todos sus músculos, que tienden a estirarse y debilitarse, y que a menudo son los que sostienen sus brazos, sus piernas o su cabeza.

La parálisis cerebral espástica se produce normalmente cuando las células nerviosas de la capa externa del cerebro o corteza, no funcionan correctamente.

Se da en un porcentaje de un 60-70% de las PC.

- **Parálisis Cerebral Disquinética o atetoide:**

Se caracteriza, principalmente, por movimientos lentos, involuntarios (que se agravan con la fatiga y las emociones y se atenúan en reposo, desapareciendo con el sueño) y descoordinados, que dificultan la actividad voluntaria.

Es común que las personas que tengan este tipo de PC tengan unos músculos que cambian rápidamente de flojos a tensos. Sus brazos y sus piernas se mueven de una manera descontrolada, y puede ser difícil entenderles debido a que tienen dificultad para controlar su lengua, su respiración y las cuerdas vocales.

La parálisis cerebral atetoide, es el resultado de que la parte central del cerebro no funciona adecuadamente.

- **Parálisis cerebral atáxica:**

Existe por la afectación preferente del cerebelo, hace que las personas que la padecen tengan dificultades para controlar el equilibrio, y si aprenden a caminar, lo harán de manera bastante inestable. Son propensos también a tener movimientos en las manos y un hablar tembloroso.

- **Parálisis cerebral mixta:**

Afectación de varias estructuras cerebrales. Es frecuente que no se presenten los tipos con sus características puras, sino que existen combinaciones en su forma clínica.

La complejidad de la parálisis cerebral y sus efectos varía de una persona a otra, por eso suele ser difícil clasificar con precisión el tipo de parálisis cerebral que padece una persona.

2. Topografía

- Hemiplejia: se produce cuando la mitad izquierda o la derecha del cuerpo están afectadas por este tipo de parálisis cerebral, mientras que la otra mitad funciona con normalidad.

- Paraplejia: afectación sobre todo de Miembros Inferiores

- Tetraplejia- Hemiplejia doble: están afectados los dos brazos y las dos piernas.

- Diplejía: afecta a las dos piernas, pero los brazos están bien o ligeramente afectados.

- Monoplejia; únicamente está afectado un miembro del cuerpo.

3. Severidad

- PC ligera: se produce cuando el afectado no está limitado en las actividades ordinarias, aunque presenta alguna alteración física.

- PC moderadamente severa: en este caso el individuo tiene dificultades para realizar las actividades diarias y necesita medios de asistencia o apoyos.

- PC severa: aquí el sujeto se ve afectado por una gran limitación en las actividades diarias.

Efectos de la Parálisis Cerebral

Las personas con parálisis cerebral (PC) no pueden controlar algunos o todos sus movimientos. Unas tienen repercusiones en todo el cuerpo, otras pueden tener dificultades para hablar, caminar o para usar las manos; otras serán incapaces de sentarse sin apoyo, necesitarán ayuda para la mayoría de las tareas diarias.

El inicio de un movimiento a menudo desemboca en otro involuntario, por lo que algunas personas con parálisis cerebral desarrollan patrones de movimiento diferentes a los que pueden producir otras alteraciones.

Una persona con parálisis cerebral puede tener alguno o la mayoría de los siguientes síntomas, ligera o más gravemente:

Discapacidad intelectual, en el 50% de los niños con PC (39% de ellos, con nivel de discapacidad severa), con discordancia verbo-espacial.

Crisis epilépticas, en un 25-30% de los niños con PC asociados sobre todo a Hemiplejías o Tetraplejias severas. Se dan crisis generalizadas o parciales. La epilepsia repercute en una de cada tres personas con parálisis cerebral, pero es imposible predecir de qué manera, con qué intensidad o en qué momento pueden desarrollar los ataques. En algunos casos empiezan a padecerlos de pequeños, en otros en edad adulta, pero a menudo se pueden controlar con medicación.

Trastorno de la visión y la motilidad ocular, como déficit visual por atrofia óptica, ceguera de origen central, hemianopsia homónima (hemiplejía), pérdida de visión binocular, estrabismo (en 50% de las personas con PC), defectos de refracción o nistagmus. De todos ellos, el problema visual más común es el estrabismo que puede ser corregido con gafas o, en los casos más graves, con una operación. Los problemas de ojos más serios no abundan. Algunas personas pueden tener un defecto cortical. Esto quiere decir, que la parte del cerebro responsable de procesar e interpretar las imágenes que el niño ve no funciona correctamente.

Trastornos de la audición. Se dan en un 10-15% de las personas con PC severas, aunque el porcentaje está bajando ostensiblemente gracias a la prevención de la incompatibilidad feto-materna.

Otras dificultades asociadas a la Parálisis Cerebral

Con gran frecuencia, en la parálisis cerebral, a los problemas del movimiento se asocian otros de diversa índole y no menos importantes. Se trata de problemas clínicos, sensoriales, perceptivos y de comunicación.

Trastornos Sensitivos

Como la Astereognosia (no reconocimiento del objeto puesto en la mano) o la Asomatognosia (pérdida de la representación cortical de los miembros paréticos, ausencia de movimiento voluntario)

Trastornos Tróficos

Con disminución del volumen y talla de los miembros paréticos, y una frecuente asociación con trastornos vasculares (frialdad y cianosis)

Deformidades Esqueléticas

Debido al desequilibrio de las fuerzas musculares, el mantenimiento prolongado en posiciones viciosas. Las deformidades más frecuentes son la subluxación y luxación de caderas, la disminución de la amplitud de extensión de rodillas o codos, curvas cifóticas, actitudes escolióticas, pies cavos.

Trastornos del Lenguaje

Con un origen plurifactorial, como retraso mental, trastorno de la realización motora (disartria), o trastornos psico-sociales. El habla depende de la habilidad para controlar los pequeños músculos de la boca, la lengua, el paladar y la cavidad bucal. Las dificultades para hablar que tienen las personas con parálisis cerebral suelen ir unidas a las de tragar y masticar. La mayoría aprenderán alguna clase de comunicación verbal, mientras que los más afectados podrán encontrar una gran ayuda a través de sistemas alternativos de comunicación.

Trastorno Motricidad Intestinal

Como estreñimiento crónico, por ausencia o disminución de la motricidad general.

Trastornos Conductuales

A veces tan graves que comprometen el porvenir y las posibilidades de tratamiento:

Abulia: pasividad, falta de iniciativa, inhibición, miedo al mundo exterior.

Trastornos de la atención: por ausencia de selección de las informaciones sensoriales (núcleos grises centrales).

Falta de concentración.

Falta de continuidad.

Lentitud

Comportamiento autolesivo: Mordeduras, golpes, pellizcos.

Heteroagresividad: Patadas, golpes, mordeduras...

Estereotipias: Hábitos atípicos y repetitivos: balanceo, torcedura de dedos, chupado de manos...

Trastornos Emocionales

Ya que el trastorno motor provoca una mala adaptación al entorno social, un aislamiento, estigmatización social aumentando así las probabilidades de desarrollar trastornos psicológicos y emocionales, trastornos del humor (depresión, vulnerabilidad en la adolescencia), ansiedad, hiperemotividad, inmadurez afectiva (discordancia entre la evolución afectiva y el nivel intelectual).

Dificultades de aprendizaje

En las personas que no son capaces de controlar bien sus movimientos, o no pueden hablar, a menudo se da por supuesto que tienen una discapacidad intelectual. Aunque algunas personas con parálisis cerebral tienen problemas de aprendizaje, esto no es siempre así, incluso pueden tener un coeficiente de inteligencia más alto de lo normal.

Percepción espacial

Algunas personas con parálisis cerebral no pueden percibir el espacio para relacionarlo con sus propios cuerpos (no pueden, por ejemplo calcular las distancias) o pensar espacialmente (como construir visualmente en tres dimensiones). Esto es debido, a una anormalidad en una parte del cerebro, y no está relacionado con la inteligencia.

2.2. DESCRIPCION DE LA BOCCIA:

La boccia es un deporte que tiene sus raíces en la antigua Grecia y que ha llegado a nosotros a través de los países nórdicos, que la adaptaron para personas minusválidas.
Esta difusión se hace a partir de los años 70 y 80, llegando a España en los años 80 y su difusión se hace por toda la geografía Española, la Federación Española de Asociaciones de Parálisis Cerebral (Federación ASPACE) en un principio y mas tarde la Federación Española de Deportes de Parálisis Cerebral, es la encargada de esta difusión a la vez que el contacto de las personas que trabajan en centros de ASPACE de toda España, hoy día se han ido formando Federaciones de deportes para personas con

discapacidad en casi todas las autonomías que son las encargadas de la difusión y el mantenimiento de estos deportes, como es el caso de la recién creada Federación Andaluza de Deportes de Parálisis Cerebral.

Para la práctica de la Boccia es necesario hacer una clasificación de los deportistas , pues según el CP-ISRA , organismo internacional que regula los deportes en Parálisis Cerebral , solamente los deportistas de más alto grado de minusvalía son los que pueden practicar este deporte , esta característica es lo que hace de la Boccia que tenga mayor sentido como deporte , pues le permite a personas de una gran minusvalía practicar un deporte y además poder hacerlo con personas "validas" en igualdad de condiciones .   Como cualquier deporte se puede practicar a nivel competitivo y a nivel de ocio y es en este campo donde pueden entrar un mayor número de personas con cualquier tipo de minusvalía o impedimento para hacer otros deportes como puede ser el caso de personas mayores y grandes tetrapléjicos.

Este deporte se practica en un campo rectangular de 12,5 metros de largo por 6 metros de ancho

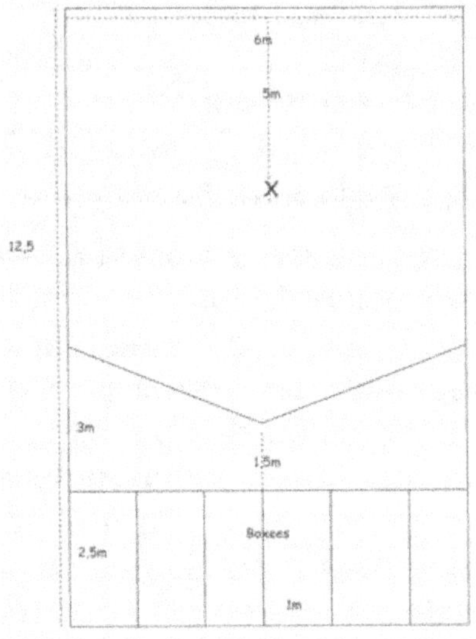

En la zona inferior se encuentran los boxes o zona donde ubican los jugadores, la zona que está delimitada en forma de V es la zona donde no se puede jugar la bola blanca y el resto del campo es donde se juegan el resto de las bolas de color. Un juego de boccia está compuesto por 6 bolas rojas ,6 bolas azules y 1 bola blanca o diana, un partido de boccia consta de 4 parciales, para los partidos individuales y las parejas, o de 6 parciales para los partidos de los equipos. El proceso de un parcial es similar a la petanca ,un jugador elige a sorteo con que bolas va a jugar, azules o rojas , y el que tenga las bolas rojas es el que sale con la bola blanca ese mismo jugador lanza su bola (roja) y después lanza el jugador azul, el que tenga la bola mas lejos de la bola blanca sigue lanzando hasta que le gane la posición al contrario o gaste todas sus bolas y si ocurriera seria el contrario el que lanzará sus bolas, para saber la puntuación contaríamos las bolas del color que estuviera más cerca de la bola blanca hasta llegar a una bola del color contrario ,una vez jugados los cuatro parciales se suman las puntuaciones de cada jugador y tendríamos el resultado del partido .

Los deportistas afectados de Parálisis Cerebral y afectaciones admitidas que pueden practicar boccia los dividimos en las siguientes clases:

• BC3 –Deportistas que no pueden lanzar con sus miembros y necesitan de un material adaptado que llamamos canaleta, también necesitan de un auxiliar el cual no puede intervenir en el juego.

• BC1 –Deportistas que pueden lanzar con sus miembros pero con un grado de dificultad elevado, pueden tener un auxiliar .Pueden lanzar con la mano o con el pie.

• BC2 –Deportistas que pueden lanzar con sus miembros con un grado de dificultad menor que los BC1, no necesitan auxiliar.

- BC4- Deportistas con afectaciones medulares altas que pueden lanzar las bolas por si mismos.

La clase BC3 juega de forma individual y en parejas así como la categoría BC4 y el resto de las categorías juegan de forma individual y en equipos teniendo que estar presente en el equipo en todo momento un jugador de la clase BC1.

Esto es de forma muy general el deporte de la boccia, un deporte que es especifico de personas afectadas de Parálisis Cerebral y grandes afectaciones a nivel medular, pero que tiene la característica de que es de los pocos deportes que los pueden practicar todas las personas, afectadas o no afectadas en igualdad de condiciones.

2.3. DESCRIPCIÓN DEL SLAMOM:

El Slalom, en silla de ruedas, es una modalidad deportiva practicada en la actualidad por personas con parálisis cerebral.

Consiste en recorrer, en el menor tiempo posible y cometiendo el mínimo número de errores, un circuito compuesto por diferentes obstáculos.

Se trata de una prueba de habilidad cuyas faltas o errores se penalizan llegando incluso a la descalificación.

El desarrollo de la competición tendrá lugar en un polideportivo de dimensiones mínimas de 20 m. x 40 m. y en él se marcará el circuito a recorrer. La superficie debe ser dura y lisa.

El Slalom, está demostrado, desarrolla el potencial físico de la persona y mejora el uso de su medio de desplazamiento: LA SILLA DE RUEDAS.

Este deporte se encarga de "crear" problemas de forma artificial; giros, cambios de dirección, rampas... que exigen al deportista rapidez, coordinación, fuerza y técnica para hacerlo en el menor tiempo posible y cometiendo el mínimo numero de errores

Participantes

D1 (Mixta):

- Dependiente de silla eléctrica o ayuda para su movilidad.
- Incapaz de mover funcionalmente una silla ruedas.

D2 (Femenina: D2F / Masculina: D2M):

- Afectación severa a moderada.

- Pobre fuerza funcional en todas las extremidades y tronco.
- Capaz de manejar una silla de ruedas.

D3 (Femenina: D3F / Masculina: D3M):

- Afectación severa a moderada.
- Pobre fuerza funcional en todas las extremidades y tronco.
- Capaz de manejar una silla de ruedas únicamente con las piernas.

D4 (Femenina: D4F / Masculina: D4M):

- Tetraplejia moderada o hemiplejia severa en silla de ruedas.
- Fuerza funcional casi total en la extremidad superior dominante.
- Buen control del tronco al empujar la silla, pero el movimiento del tronco hacia delante con un empuje enérgico está limitado a menudo por el tono extensor.

D5 (Femenina: D5F / Masculina: D5M):

- Buena fuerza funcional con limitación mínima o problemas de control que se aprecian en extremidades superiores y tronco.

Las pruebas

PRUEBA CRONOMETRADA

El objetivo es que el deportista realice en el menor tiempo posible unos recorridos con obstáculos sin cometer penalizaciones.

La prueba consta de 2 recorridos:

- Recorrido Fijo
- Recorrido Variable

El tiempo total (marca acreditada) se obtendrá de la suma de los tiempos realizados en ambos recorridos más las penalizaciones cometidas.

- Recorrido fijo

Lo forman los siguientes obstáculos que se ejecutan en el orden que se describe a continuación:

1. Salida
2. Cuadrado de 180º
3. Pivote de giro
4. Cuadrado de 180º
5. Ocho
6. Cuadrado de 360º
7. Cuadrado de 180º
8. Rampa
9. Puerta Invertida
10. Llegada

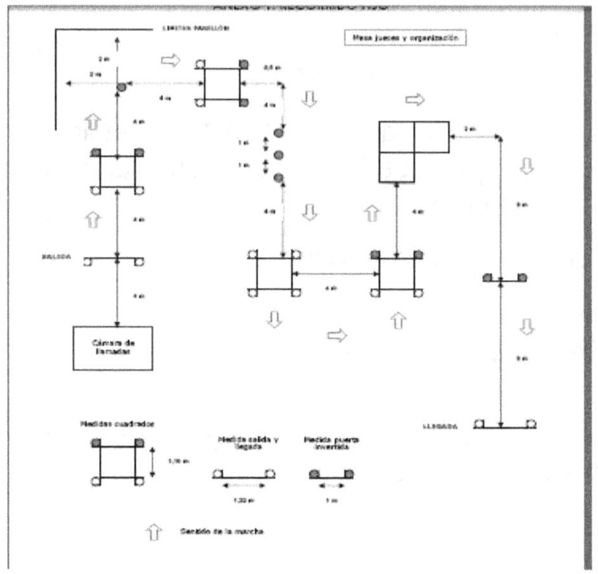

-   Recorrido variable

Lo forman los mismos obstáculos que hay en el recorrido fijo, pero modificando su orden en 4 de ellos.

PRUEBA DE ELIMINACION INDIVIDUAL

Prueba que consta de 2 recorridos exactamente iguales situados en paralelo.

Dos participantes se enfrentan tratando de finalizar el recorrido antes que el contrario, ya sea por **llegar antes a meta** o por que el **contrincante resulte eliminado.**

El deportista ganador pasará a la siguiente eliminatoria y el perdedor quedará eliminado o entrará en lucha por los puestos más bajos.

El orden de los obstáculos es el siguiente, en cada uno de los recorridos:

1. Salida
2. Pivote de giro completo
3. Zig-Zag
4. Puerta Invertida
5. Cuadrado de 360º
6. Llegada

Un deportista será vencedor de su eliminatoria cuando:

a) Llegue antes a meta sin penalizar.
b) El contrario comete alguna penalización y es descalificado.

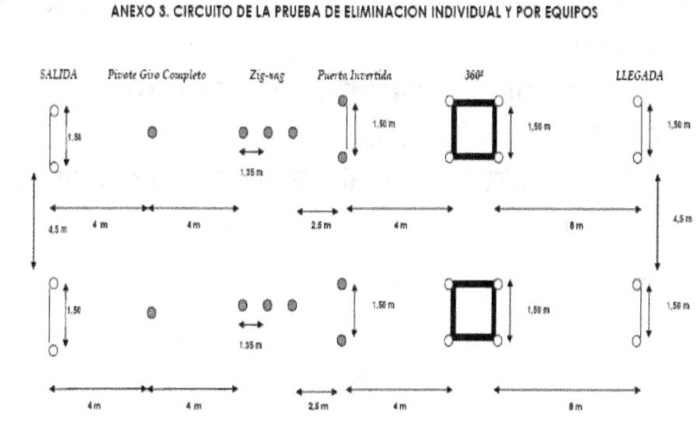

PRUEBA DE ELIMINACION POR EQUIPOS

Se trata de la misma prueba de eliminación individual, pero mediante un sistema de relevos en la que cada equipo participa con 4 deportistas. El recorrido presentará las mismas características por lo que respecta a las medidas de obstáculos, distancias, etc; que el recorrido individual.

El equipo contará con un número máximo de 6 deportistas y un mínimo de 4.

Entre cada eliminatoria se podrán hacer cambios en el equipo notificándolo a la mesa.

Los equipos son de libre configuración en cuanto a la división de sus componentes.

Un equipo será vencedor de la eliminatoria cuando:

a.   Llega a la meta antes que el equipo contrario sin haber superado los 12 segundos de penalización.
b.   El equipo contrario suma más de 12 segundos de penalización.
c.   Un deportista del equipo contrario es descalificado.

3.   SEGUNDA PARTE:

BOCCIA ASPECTOS RECREATIVOS, TERAPEUTICOS Y COMPETITIVOS

La Boccia como actividad deportiva especifica de minusválidos, en concreto en parálisis cerebral, nos permite enfocarla desde los aspectos a los que hacemos alusión en el titulo de este apartado.

La Boccia como deporte adquiere las características de todo deporte y estas características nos permite darle estos enfoques, recreativo, terapéutico y competitivo .Partiendo de estos aspectos analizaremos la Boccia en cada uno de estos.

El deporte, cualquier deporte, adquiere estas características en función de la utilidad y los objetivos que nos planteemos a la hora de entrar en contacto con los deportes, así se ha de hacer un análisis de las capacidades personales, medios y fines a los cuales queremos llegar cuando entramos en contacto con el deporte.

Siguiendo con el análisis de los aspectos que enunciábamos en el titulo de este apartado, vamos a centrarnos en el aspecto terapéutico.

Antes de nada tendríamos que dar una definición de lo que es terapéutico o como nosotros lo entendemos como tal. Según el diccionario de la lengua terapéutico es la parte de la medicina que se dedica al tratamiento de las enfermedades.

Esta definición nos da a entender que ha de haber una enfermedad ,en caso concreto de la P.C. sí que lo hay y el deporte puede ser un medio para ayudar a que esta enfermedad tan compleja vaya evolucionando de una forma más adecuada, pero no debemos olvidar que la P.C. hay que verla de una forma global y no como una alteración motórica que impide el control de los movimientos o que los dificulta ,según cuál sea la lesión ,sino que hay otro tipo de alteraciones psicológicas que afectan a la persona en su autoestima ,en el concepto de sí misma, en la aceptación de sus capacidades, etc., etc.

El deporte nos ha demostrado que puede ser un medio terapéutico eficaz para hacer que todos estos problemas tengan una solución menos compleja y traumática para los afectados.

Para nosotros ,otro aspecto terapéutico del deporte está en la posibilidad que nos ofrece para enseñar muchas capacidades de tipo cognitivo, psicomotrices tan importantes en la evolución del cualquier persona, si todo esto lo trasladamos a personas afectadas de cualquier minusvalía el valor terapéutico del deporte es doble.

El otro aspecto a destacar es la competitividad en el deporte, algo que ha ido creciendo de forma paulatina y en paralelo a las exigencias de esta sociedad que ha desarrollado un espíritu competitivo en todos los aspectos y el deporte no podía escapar a estas presiones de tipo social, aunque hay que tener en cuenta que la competitividad en el deporte es algo inherente en el mismo.

Esta exigencia de la competitividad para conseguir resultados óptimos lleva consigo una planificación muy elaborada con lo cual nos va a exigir una dedicación especial a esta tarea deportiva, esto para una persona sin minusvalía es todo un reto lleno de buenos y malos momentos con una gran preparación física y psíquica, si todo esto lo trasladamos a personas con minusvalías, el reto para ellos hasta hace poco tiempo era casi impensable ,hoy día todo esto es posible y el concepto de competitividad entre personas con P.C. es algo que se da de una forma más normalizada pues lo están viviendo como un deportista normal .

Todas estas reflexiones acerca de los aspectos terapéuticos y competitivos lo vamos a trasladar al terreno concreto de la Boccia y a sus usuarios en concreto.

3.1.   RECREACIÓN EN LA BOCCIA

La recreación en si es la capacidad de entretener ,divertir, en definitiva hacer que nos lo pasemos bien, para esto nos servimos de infinidad de medios como la lectura ,el cine, el teatro, y también el deporte. Las personas afectadas de P.C. pueden, en la medida de sus posibilidades, disfrutar de todas estas opciones y muy en concreto del deporte.

Como cualquier persona que se junta con unos amigos a disfrutar de un momento de relax jugando a cualquier deporte, una persona afectada de P.C., puede disfrutar con sus compañeros, familiares o personal del centro al que acuda.

La boccia tiene la peculiaridad de ser un deporte muy adaptable y nos va a permitir que todo el mundo que se acerque a la boccia pueda disfrutar al mismo nivel que una persona afectada de P.C. lo cual nos va a permitir demostrar la valía integradora de este deporte.

La boccia por su desarrollo como juego hace que intervengan una serie de factores como con:

- el campo
- el material
- medios auxiliares(canaletas)

Todos estos factores pueden hacer pensar que la boccia pude tener cierta dificultad si no se desarrolla atendiendo a los factores que antes hemos hecho referencia, también pensamos que esto no puede ser un inconveniente pues como hemos comentado, la boccia, es un deporte de gran adaptabilidad, lo cual nos va permitir practicarlo de forma recreativa en cualquier circunstancia si sabemos adaptarnos a los medios.

Hemos hecho referencia a la adaptabilidad de la boccia, pudiendo variar los fines y utilizando los medios que nos ofrece la boccia, un ejemplo, en el recreo del colegio podemos marcar una línea en el patio y hacer varios equipos de tres o cuatro jugadores y le damos dos o tres bolas, en el centro ponemos un cubo y pedimos que los jugadores que estén frente a frente intenten desplazar el cubo al campo del contrario, así hasta que todos los jugadores hayan lanzado todas las bolas.

Este es un ejemplo de los múltiples que podemos hacer sobre las posibilidades y las variantes que nos da la boccia, también tenemos que tener en cuenta que estos juegos son aplicables a los entrenamientos con los deportistas.

Una de las opciones más recomendables de la aplicación de la boccia a la recreación seria en enfrentamiento entre personas no P.C. y personas afectadas de P.C. u otro tipo de minusvalía en una pequeña competición haciendo que las personas no afectadas tengan limitadas sus funciones motrices .Este tipo de enfrentamientos de todos contra todos hacen que la recreación tenga su más alta expresión y no sea una recreación limitada, sino abierta a todos y para todos.

La recreación es un concepto muy unido al ocio, al tiempo libre, conceptos que han llegado con la sociedad industrializada

Hacíamos referencia a la falta de exigencias que nos ofrece la recreación esa falta de exigencia en la boccia la hace más distendida para acercarla a personas afectadas de P.C. que no desean practicarla de forma competitiva.

Muchas de las personas afectadas de P.C. que no tienen las capacidades cognitivas necesarias para la práctica de la boccia, tienen con la recreación una salida para realizar una práctica distinta y divertida, si le incluimos las variantes que hagan que sea divertido para el afectado y los que le rodean.

Hasta ahora hemos estado planteando y analizando como hacer que la boccia sea algo divertido para los afectados de P.C., pero también la debemos de tener en cuenta para los "no P.C.", podemos comprobar cómo se convierte en algo divertido cuando nos ponemos las dificultades al lanzar y nos mezclamos con los P.C., sería como jugar un partido de tenis los fines de semana.

Consideramos que la boccia, tiene todas las características para que nos lo pasemos muy bien todos, los que la conocemos y los que se acerquen de alguna forma ,comprobando la magia de este deporte tan especial, no solo por estar dirigido a las personas que está dirigido, sino por tener una característica tan especial como es la adaptabilidad que posee.

Para hacernos a la idea de cómo encaja la boccia dentro del concepto de juego recreativo, vamos a dar una serie de definiciones sobre juego y un análisis del juego.

El juego es uno de los fenómenos más naturales del comportamiento humano y a la vez elemento de:

- Aprendizaje y desarrollo

- Adaptación social

- Liberalización personal

- Conservación de la propia cultura

Una definición de juego es la que cogemos de HUIZINGA(HOMO LUDENS,1968) que dice que el juego es:"Una acción ò actividad voluntaria, realizada dentro de ciertos límites, fijados en el tiempo y en el espacio, que sigue una regla libremente aceptada, pero completamente imperiosa, provista de un fin en si misma, acompañada de un sentimiento de tensión y alegría y de una conciencia de ser algo diferente de lo que se es en la vida corriente".

Esta definición demasiado larga y compleja aunque precisa la podríamos resumir como una actividad recreativa natural, de incertidumbre y sometida a un contexto sociocultural.

La boccia está sometida a todas estas definiciones y además, como comentábamos antes, lo puede practicar todo el mundo, es un juego que produce placer, se practica de forma libre, e implica una actividad.

Una característica de la boccia que encaja en la definición de recreación, es que puede variar las reglas y adaptarlas para servir de interés a los que participan.

La boccia, en definitiva, nos permite y permite a las personas afectadas de P.C. y gravemente afectadas motorices, realizar una actividad que les proporciona placer y les permite desarrollar un aspecto que el resto de las personas pueden practicar de forma normal, no solo entre ellos, sino con personas no afectadas, lo cual la hace una actividad mucho mas adaptativa y más cercana que otra a la definición de recreación.

3.2. ASPECTOS TERAPÉUTICOS DE LA BOCCIA

En nuestra introducción hacíamos mención a la definición de terapéutico como el tratamiento de las enfermedades.

Tratamiento de una enfermedad ,en este caso una lesión cerebral que afecta no solo al control de movimientos, sino que implica otro tipo de carencias, que la boccia nos ayuda a superar y a tratar los efectos de esta lesión.

Vamos a pasar a describir los aspectos, que creemos, influyen en el buen estado de una persona que practica la boccia.

Podemos dividirlo en aspectos motóricos y aspectos psicológicos.

Dentro de los aspectos motóricos debemos hacer una diferencia entre deportistas BC3, BC1 y BC2.

Los deportistas BC3 tienen muy poco control de su tronco y miembros, sobre todo superiores, su prensión es nula y no tienen control en el lanzamiento.

La boccia, en el aspecto de la prensión y el lanzamiento, en este tipo de jugadores es poco eficaz pero sí lo es en cuanto al control de troncho cintura escapular, del cuello y de la cabeza, proporcionándole estabilidad y firmeza en estas partes permitiéndoles centrarse mejor en otras tareas no deportivas.

En los deportistas BC1 y BC2, se trabajan más grupos musculares pues intervienen más movimientos en el juego, control del tronco, cadera, prensión, lanzamientos, etc.

El trabajo con la boccia hace que busquemos el movimiento más adecuado para conseguir el mejor rendimiento, esto ocasiona que el deportista se encuentre frente a nuevas situaciones del movimiento de su cuerpo, lo cual hará que tenga que interiorizar nuevos movimientos y a la vez se están activando mecanismos cerebrales poco usados

El hecho de practicar un deporte hace que los movimientos los tengan más interiorizados y requieran menos tiempo para realizarlo tanto en atáxicos, espásticos y atetoides. Con la boccia mejoramos la presión en las manos, la fuerza, el control sobre los dedos que se hacen más precisos en sus funciones y como hemos dicho antes, ayuda a que mejoren en otras funciones no deportivas.

Otra parte del aspecto terapéutico de la boccia es la aplicación de esta al desarrollo cognitivo de las personas que practican la boccia, resaltando varios aspectos.

Un primer aspecto seria la autonomía personal que proporciona la boccia por varias facetas:

- Aprendizaje de normas

- Identificación de elementos de un entorno nuevo(campo de juego, etc)

- Manejo de la silla

Otro aspecto seria el esquema corporal y la lateralidad:

- Reconocimiento de las distintas partes del cuerpo que intervienen el juego y la posición del cuerpo.
- Nueva visión de la posición del cuerpo para la práctica de este deporte.
- Disfrute, participación y aceptación del desarrollo del juego.
- Desarrollo de la ATENCION-CONCENTRACION.

Esto ayuda al sentido de la anticipación, atención y concentración. Estos aspectos son muy importantes a desarrollar en personas con P.C. pues muchos de ellos, su nivel de atención y concentración lo tienen poco desarrollado y sobre todo la TOMA DE DECISIONES.

La toma de decisiones lleva implícita una serie de elementos que va a llevar a la ejecución final, la decisión de realizar un movimiento, un esquema motor o de plantear una estrategia implícita un proceso cognitivo previo, que planteará cual es el problema y cuales las posibles soluciones al mismo, el deportista debe estar en disposición de entender el problema, como paso previo a estar en disposición de elegir una respuesta y decidir lo más oportuno, para llegar a esto es imprescindible tener una capacidad cognitiva y tener un bagaje motriz suficiente para la resolución de problemas y decidir en el momento oportuno, conlleva además de un elemento de reacción, elementos relacionados con factores espacio temporales relacionados con los mecanismos de percepción.

Con la práctica de la boccia, estos mecanismos se van desarrollando conforme se va entrenando y se va teniendo más contacto con el deporte.

Hablábamos de los mecanismos de percepción y sobre todo la que más ayuda al deportista es la espacial que le permite re conocer y discriminar conceptos como:

- largo-corto	- Ni primero-ni ultimo
- Alto-bajo	- En medio
- Grande-mediano-pequeño	- Al lado
- Mayor-menor	- Centro
- Ancho-estrecho	- Alrededor
- Arriba-abajo	- A través
- Encima-debajo	- Entre
- Dentro-fuera	- En la esquina
- Lejos -cerca	- En fila
- Delante-detrás	- Saltándose uno

- Junto a-separado   - Derecha-izquierda

- Primero-ultimo

Conceptos de estructuración temporal que son reconocidas y usadas gracias a la práctica de la boccia:

- Día-noche	- Comienzo-fin
- Ayer-hoy-mañana	- Principio-final
- Antes-después	- Primero-ultimo
- Temprano-tarde	- Nunca-siempre
- Al mismo tiempo	- Rápido-lento
- Ya-ahora	- Principio-en medio-final

Creemos demostrada la capacidad terapéutica de la boccia, no solo a nivel motórico sino a nivel cognitivo y un aspecto, para nosotros mucho más importante, como es la mayor aceptación de si mismo y la confianza que provoca en ellos.

3.3. ASPECTOS COMPETITIVOS DE LA BOCCIA

En la boccia, como en otros deportes el aspecto, competitivo tiene un marcado carácter psicológico y el jugador tiene que aprender a adquirir una serie de habilidades que le hagan alcanzar los resultados deseados.

Debemos de hacer un repaso a las cualidades necesarias para alcanzar un nivel competitivo lo más elevado posible. Las cualidades a las que hacemos referencia son: Un elevado concepto de sí mismos, capacidad de sentirse superior a sus competidores, elevado dominio de la técnica, dominio de la táctica, aceptación de sus posibilidades, divertirse en los entrenamientos y divertirse durante el juego.

Estas cualidades deben estar presentes en todo deportista de alto nivel, en jugadores de boccia es difícil encontrarlas pues nos encontramos con personas que no han tenido un desarrollo emocional adecuado o su contacto con la competición ha sido muy pobre .Estos aspectos han de ser potenciados en los entrenamientos y hacer que los deportistas de boccia adquieran estas habilidades para conseguir los resultados esperados en la alta competición.

El contacto con la competición va a posibilitar que los jugadores se sientan importantes y culminen un periodo largo que abarca desde el comienzo de la temporada hasta el final, que es cuando se producen las competiciones de alto nivel(Campeonato de España).Para llegar a esto han tenido que pasar por una serie de filtros, como son las competiciones zonales ,que les permite demostrarse a sí mismos las capacidades que tienen para este juego, así mismo van adquiriendo esas habilidades psicológicas de las que hablábamos antes y les permite afrontar la competición con más seguridad.

Como en cualquier deporte el análisis de la competición y todos sus aspectos ha de ser analizado por el deportista y su entrenador, se han de tener presentes aspectos como el profundizar en las técnicas, las tácticas, el desarrollo de los partidos, marcadores, tiempo, entrada en cámara de llamadas, como aprovechar el tiempo en cámara de llamadas, análisis de las bolas de juego en los minutos previos al partido, aplicar alguna técnica de relajación antes del partido (si fuera preciso).

En las competiciones previas a una de mayor nivel se tienen que ir eliminando posibles errores que puedan hacer que no lleguemos a esta competición en las mejores condiciones de juego y de estado psicológico.

Creemos que para alcanzar un estado adecuado, en lo referente a la táctica y la técnica han de pasar una serie de test que nos sirvan para conocer el nivel de juego y de manejo de la táctica como por ejemplo un test para conocer el dominio de la dirección de tiro, el dominio del campo, el tiempo empleado en el juego, incluso un pequeño examen acerca del conocimiento de las reglas de juego. No debemos olvidar hacer un análisis de los entrenamientos procurando que sean los más amenos para los deportistas y los auxiliares que participan con ellos. Ya que nombramos a los auxiliares debemos hacer hincapié en la función que estos desarrollan en el juego o mejor dicho en lo que no deben hacer para no influenciar de forma negativa en el juego, tenemos que asegurarnos que siempre se hace lo que los deportistas quieren hacer en cada momento.

La competición, como decíamos en nuestra presentación, está presente en cada uno de los momentos de la vida moderna, con sus inconvenientes y con sus virtudes, y enfrentarnos a ella exige mucha preparación, la boccia no podía ser menos cuando hablamos de la alta competición y más si tenemos en cuenta el nivel tan alto que tiene la boccia en España.

Hemos podido comprobar que un estado de armonía y ganas de pasárselo bien pueden hacer que este deporte nos aporte cosas muy positivas, tanto a jugadores como a entrenadores y auxiliares.

4. TERCERA PARTE:

"DEPORTE PARA GRANDES DISCAPACITADOS EN LA ESCUELA"

4.1. FUNDAMENTACIÓN

INTEGRACION COMO EJE DE ESTA PROPUESTA

La participación de personas con Parálisis Cerebral, así como grandes minusvalías, en las actividades de deporte en la escuela, no tiene presencia hasta el momento actual y deseamos que esto cambie de manera destacable.

Queremos hacer llegar la necesidad de integrar a estas personas en las actividades deportivas de los centros escolares, integrando la práctica deportiva especifica en el resto de los deportes que se practican en los programas de deporte en la escuela.

Es obvio que las personas con grandes discapacidades tienen serias dificultades para la práctica deportiva, hay un serio desconocimiento de las posibilidades de practicar un deporte por parte de este colectivo.

En Andalucía se está impulsando, de una manera destacada, la posibilidad de la práctica deportiva por parte de todos los colectivos que forman la sociedad andaluza, pero aún queda mucho que hacer para que las personas con grandes minusvalías puedan acceder a la práctica deportiva de una forman mas normalizada, debemos de empezar desde la base, como es la escuela, el espacio más integrador que tiene la sociedad andaluza, donde se normaliza más fácilmente todas las actividades que pretenden ser punteras en nuestras sociedad.

Estamos convencidos de que a través de la puesta en marcha de proyectos como el que ahora presentamos llegaremos a un mayor número de población de estas características, dándole la opción de poder practicar deporte en un entorno que le es familiar como es la escuela, además le estamos dando la opción de relacionarse e integrarse a través del deporte, le damos la opción de participar en competiciones oficiales a nivel autonómico y quizás a nivel nacional.

La puesta en práctica de estas actividades elevaría el nivel de calidad de los centros escolares donde se impartieran estas disciplinas, tendrían un valor añadido pues se estaría dando un impulso a la integración de estos colectivos en nuestra sociedad.

ACTIVIDAD DEPORTIVA EN EL CONTEXTO DE UNA SOCIEDAD EN CAMBIO

Pensamos que el deporte es uno de los mejores vehículos de la integración y una sociedad que integra es una sociedad que avanza. No debemos permitir más que las personas con minusvalías sigan de espalda a la sociedad, que esta no les tenga en cuenta en todas y cada una de las actividades que se desarrollan, debemos de darles cabida en todas las facetas de esta sociedad y el deporte es una de ellas.

La orientación de estas actividades deben estar dirigidas a una mayor integración, a un aumento de la autoestima de las personas con minusvalías, a la implicación de estas en la sociedad, son parte de ella y deben ser conscientes de ello, pero solo lo conseguiremos si hacemos que participen de forma activa, no solo en el movimiento asociativo, sino desde la normalización a través de las actividades que promociona la sociedad en la que viven y una de estas actividades es el deporte.

Debemos derribar barreras que impidan la integración de estas personas y debemos dar los medios para que puedan realizar actividades acordes a sus posibilidades, sin menospreciar estas actividades, sino dándole el valor que tiene pues tienen que vencer dificultades físicas, tienen que superar las miradas de lastima y debemos ayudarles a demostrar que sus actividades tienen tanto valor como las que realizan los niños sin minusvalías.

La práctica de un deporte les aproxima a sus iguales, se establecen apoyos sociales de superación, se les anima a superar pruebas y se identifican con el esfuerzo y el afán de superación y victoria.

La participación de la familia debe ser esencial, sin esta los chicos con graves minusvalías no pueden acceder a estas actividades, se les debe dar las ayudas necesarias para que accedan a estas actividades y sientan la necesidad de llevar a sus hijos a estas actividades.

No podemos olvidar que el deporte contribuye a la mejora de la salud de quien lo practica y no va a ser menos para las personas con grandes minusvalías, mejora su salud física, emocional, mejora su autoestima así como el concepto de sí mismo. El deporte le va a aportar una serie de beneficios que no los encontrará en otros aspectos de su vida.

PROPUESTA DE ACTUACIÓN

Proponemos desde aquí unas actividades adaptadas, que respondan a las necesidades de esta población y atendiendo a sus posibilidades.

Proponemos unas actividades que sean integradoras, elaborando un plan de promoción entre la población escolar con grandes minusvalías, en centros que tengan las adaptaciones adecuadas de accesibilidad y con instalaciones adecuadas.

Que estas actividades sirvan de complemento a la actividad física que realizan en su centro y si es necesario hacer participes a los profesores de educación física de estos alumnos para que comprueben que estos alumnos también pueden desarrollar una actividad físico-deportiva.

Las actividades están dirigidas y planificadas por personal especializado en los deportes que vamos a proponer, realizando una evaluación periódica.

Proponemos que en un futuro estos alumnos puedan participar en competiciones deportivas regladas.

FINALIDADES GENERALES DE LA PROPUESTA

• Apostamos por un concepto dinámico, creativo e integrador de las actividades deportivas que parta de la comprensión de su importancia para el desarrollo de la personalidad y que sea capaz de superar el concepto de apéndice o de adorno postulado por una visión reduccionista, economicista y clasista de la educación.

• Asumir desde criterios participativos que la responsabilidad en la puesta en marcha de las actividades deportivas ha de implicar a toda la comunidad educativa y está marcada por un carácter activo e innovador vinculado al desarrollo de la personalidad.

• Defender las actividades deportivas como un servicio público más para dignificar y elevar la calidad educativa de la provincia.

• Vincular las actividades deportivas a unos hábitos, valores y conductas que posibiliten de manera voluntaria una forma creativa y no alineada de vivir el ocio y el tiempo libre.

• Sensibilizar a la comunidad educativa sobre la idea de que las actividades deportivas pueden ser un instrumento formativo de gran utilidad para contribuir a superar las desigualdades sociales y garantizar una serie de derechos democráticos contenidos en la Constitución.

• Implicar a los centros escolares en la planificación y desarrollo de las actividades deportivas necesarias para esta población.

• Incluir estas actividades deportivas en los planes de deporte en la escuela.

• Articular las actividades deportivas de forma eminentemente práctica e implícita, organizando competiciones entre los centros escolares que participen en el desarrollo de este proyecto.

• Potenciar a través de las actividades deportivas el nivel de los centros educativos.

• Tomar conciencia de que las actividades deportivas posibilitan la consecución de una serie de objetivos y finalidades de la LOE de inequívoco contenido social, progresistas y democrático.

• Desarrollar la práctica del deporte como recreación, divertimento y complemento fundamental de la formación integral de todas las alumnas y alumnos con trastornos motóricos severos.

• Fomentar entre el alumnado la adquisición de hábitos permanentes de actividad física y deportiva, como elemento para su desarrollo personal y social, así como herramienta de integración.

• Realizar actividades físico-deportivas de manera voluntaria, primando de manera especial los aspectos de promoción, formativos, recreativos y cubrir parte del tiempo de ocio de manera activa, lúdica y divertida.

• Ofrecer a estos alumnos la posibilidad de poder participar en actividades deportivas adecuadas a su minusvalía, edad y necesidades personales.

• Hacer de la práctica deportiva un instrumento para la adquisición de valores tales como la solidaridad, la colaboración, el diálogo, la tolerancia, la no discriminación, la igualdad entre sexos, la deportividad y el juego limpio.

4.2. JUSTIFICACIÓN

El Decreto 137/2002, de 30 de abril, de Apoyo a las familias andaluzas, contiene un importante número de actuaciones dirigidas a las familias andaluzas. Entre estas medidas se incluyen algunas destinadas a ampliar el horario de apertura de los centros docentes y a mejorar su oferta de Actividades y servicios educativos complementarios. El objetivo que se persigue es que los centros docentes, más allá de la jornada lectiva tradicional, sean capaces de proporcionar a su alumnado con deficiencias motóricas severas y a las familias una oferta de actividades físico-deportivas que pueden ayudar a estos alumnos a un mejor provecho de su tiempo libre, así como otra opción de desarrollo personal, relación con el resto de los alumnos e integración en la sociedad.

El Decreto 6/2008 de 15 de Enero, por el que se regula el deporte en edad escolar en Andalucía, no hace mención expresa a la participación de niños con necesidades Educativas Especiales, esta realidad puede cambiar y debe cambiar pues estos alumnos tienen todas las características de cualquier alumno de cualquier centro y por lo tanto tienen el mismo derecho a participar en las actividades de deporte en la escuela. Entendemos que la población de estos alumnos es mucho menor pero la solución sería desarrollar la actividad en la modalidad de ínter centros, y en distintas zonas de la provincia.

Según la Orden de 21 de julio de 2006, por la que se regula el procedimiento para la elaboración, solicitud, aprobación, aplicación, seguimiento y evaluación de los planes y proyectos educativos que puedan desarrollar los Centros Docentes sostenidos con fondos públicos y que precisen de aprobación por la Administración Educativa, en su anexo IV en el punto 3. Objetivos, en el párrafo 6 específica que uno de sus objetivos es: ***Atender la integración del alumnado con necesidades educativas especiales, en la programación y desarrollo de las actividades deportivas del centro.***

Este párrafo, ya por si, da contenido a esta justificación y a esta propuesta, una sociedad avanzada como la nuestra, debe ir profundizando en las necesidades de todos los miembros de esta y no podemos dejar de lado a nadie, sea cual sea su peculiaridad, la práctica deportiva adaptada de estos alumnos y alumnas , les va a dar una nueva perspectiva de sí mismos y sus familiares y amigos van tener ante sí una nueva realidad sobre el potencial de estos alumnos, por muy afectados, físicamente que se puedan encontrar.

Pensamos que esta propuesta puede tener una buena acogida entre alumnos y alumnas con grandes afectaciones motóricas, de los centros de la provincia de Granada, pudiendo ser pioneros en esta área.

4.3. PROGRAMACION

OBJETIVOS GENERALES

La finalidad de esta propuesta "DEPORTE ADAPTADO PARA GRANDES DISCAPACITADOS EN LA ESCUELA", es la de **fomentar la actividad física y deportiva entre los alumnos, con grandes afectaciones motóricas, de los centros dependientes de la Delegación de Educación de Granada, fuera del horario escolar y dentro del programa de deporte en la escuela.**

Hemos de recordar que estos alumnos no tienen la posibilidad de desarrollar actividades deportivas de manera habitual, pues necesitan de unos monitores especializados en unos deportes muy específicos o con un alto grado de adaptación.

Se debería contar con personal cualificado para dar satisfacción a estas necesidades y desarrollar nuestros objetivos más específicos que son:

Objetivos específicos que pretendemos conseguir:

• **Desarrollar la práctica de deporte a colectivos de niños con afectaciones motoras severas**, para así completar una formación de la que suelen carecer en sus centros.

• **Ofrecer actividades deportivas, acordes a sus posibilidades físicas, con un interés participativo y competitivo, acorde a su edad y necesidades.**

• **Fomentar la convivencia** entre personas con sus mismos problemas y necesidades.

• **Crear hábitos** permanentes de actividad física y deportiva, como elementos para su desarrollo personal y social.

• **Cubrir el tiempo de ocio del alumnado de una forma activa y lúdica,** por lo que primaran en los entrenamientos aspectos de promoción, formación y recreación.

• **Favorecer la utilización de las instalaciones deportivas escolares en horario no lectivo por el alumnado.**

• **Generar una nueva generación de deportistas de deportes adaptados en nuestra provincia,** que mantenga un nivel y un número adecuado de estos en las competiciones tanto a nivel autonómico como a nivel nacional.

PARTICIPANTES

En esta propuesta podrán participar todos los alumnos de primaria y secundaria con afectaciones motóricas severas que estén matriculados en centros públicos y concertados del cinturón de Granada, Granada capital y de la ciudad de Motril.

Hacemos esta especificación del entorno para poder agruparlos en dos o tres centros, pues la población es minoritaria, al agruparlos se puede hacer una mejor atención a estos alumnos y se hace un mejor aprovechamiento de los monitores que participan en esta actividad.

TEMPORALIZACION

Estas actividades se desarrollaran a lo largo del curso, empezaremos a mediados de septiembre hasta final de curso.

El horario estará determinado por las instalaciones que sean cedidas en los colegios a los que se les proponga esta actividad. El horario más adecuado será de 17 a 19 H. durante dos días a la semana, lunes para desarrollar la actividad de Boccia y miércoles, para desarrollar la actividad de Slalom.

RECURSOS HUMANOS Y MATERIALES

Recursos Humanos con los que contamos

-Coordinador o coordinadora de la propuesta.

Será el encargado de llevar a cabo la propuesta, junto con los responsables de la delegación de educación. Se encargará de organizar los horarios, supervisar los entrenamientos, relacionarse con las instituciones organizadoras, contratar a los monitores.

-Monitores y Monitoras.

Los monitores y monitoras tendrán la capacidad técnica adecuada para la actividad a desarrollar. Y se encargaran de las siguientes funciones:

• Entrenar a los alumnos y alumnas y a los equipos en los horarios que les sean asignados por el responsable del proyecto.

• Dirigir los partidos de las competiciones internas

• Acompañar a los alumnos y alumnas en sus desplazamientos y competiciones.

• Cuidar el material que les sea asignado.

<u>Recursos materiales necesarios</u>

- Juegos de la Boccia.
- Canaletas o rampas.
- Juego de Slalom.
- Cintas de marcar campos.
- Cronómetros.
- Actas de partidos.
- Marcadores.
- Posabolas.
- Material informático.
- Equipaciones o vestimentas tanto para los jugadores como para los monitores, monitoras.
- Material fungible de oficina

COMPETICIONES

A lo largo del curso desarrollaremos competiciones internas que nos servirán para evaluar el progreso de los participantes.

Se realizaran encuentros con los alumnos de los distintos centros en los que se están desarrollando este programa y si fuera posible estableceremos contacto con otras instituciones, clubes o federaciones de otras comunidades autonomías para llevar a cabo encuentros con otros chicos de su edad.

En caso de que haya chicos o chicas que estén en edad de participar en competiciones oficiales se les dará la oportunidad de poder competir en estas y se les preparara para tal fin.

Al final del curso se organizará un campeonato de final de curso y se entregaran unos diplomas a los mejores deportistas.

COORDINACION DE LA PROPUESTA

El coordinador de la propuesta realizará las siguientes funciones:

- Dirigir y supervisar los aspectos educativos del proyecto.

- La organización y desarrollo de la competición interna, así como de la participación en la competición externa en sus distintas modalidades.

- La coordinación y control de los deportistas, así como de los monitores/as

- La formalización y la inscripción de los deportistas en las competiciones.

- Dirigir y coordinar a los deportistas y monitores/as en las jornadas de competición.

- La supervisión en el centro durante los entrenamientos ya las competiciones.

- La relación con las instituciones organizadoras de las distintas competiciones.

PROCEDIMIENTOS PARA SOLICITAR LA PARTICIPACION EN ESTA ACTIVIDAD

Se creara una comisión entre responsables de la Delegación de Educación de Granada y el responsable de la actividad, esta comisión establecerá los mecanismos necesarios para hacer llegar a los centros donde hay alumnos con afectaciones motóricas severas, toda la información de este proyecto, para que la hagan llegar a los alumnos y familiares que puedan estar intensados, así como verificar la disponibilidad de los centros para desarrollar este programa en sus instalaciones.

Una vez que sepamos los alumnos que están interesados en participar en esta actividad, así como los centros, se establecerán los centros referencia para realizar la actividad.

Se citaran a los padres de los alumnos interesados y se les dará una explicación de cómo se va a desarrollar la actividad, los monitores y monitoras que van a participar, los horarios y los centros en los que se van a desarrollar el programa.

Las solicitudes se tramitaran a través de sus centros escolares los cuales la harán llegar a la Delegación y esta al coordinador de la actividad.

4.4. DESCRIPCION DE LAS ACTIVIDADES DEPORTIVAS

OBJETIVOS ESPECIFICOS DE LAS ACTIVIDADES DEPORTIVAS

<u>Objetivos conceptuales</u>

• Conocer los distintos deportes específicos que pueden practicar.

• Acercar el deporte a todos/as los alumnos independientemente de sus posibilidades físicas, sociales y económicas.

• Presentar el deporte y su práctica como acción necesaria, lúdica, sana y saludable.

• Adquirir las destrezas mínimas generales en cada una de las modalidades trabajadas que asientes unas bases de conocimiento de cada disciplina.

• Entender el deporte como complemento fundamental de la vida cotidiana para un óptimo desarrollo físico y personal.

• Conseguir que todo el alumnado participante se sienta satisfecho consigo mismo y disfrute plenamente de la participación deportiva en cada una de sus disciplinas.

• Descubrir las múltiples posibilidades que nos ofrece el deporte de forma integral y general así como las que posee cada uno/ a de los participantes.

- Educar para el disfrute, respeto, tolerancia y solidaridad en la práctica deportiva.

- Definir los principios básicos y generales de cada deporte que se trabaje en las distintas actividades.

- Dominar las principales técnicas básicas de cada uno de los deportes trabajados en las actividades.

- Advertir de la importancia de una práctica deportiva segura.

- Indicar los principales hábitos deportivos saludables existentes así como una buena conducta deportiva basada en el "Fair-Play".

- Señalar las distintas reglas fundamentales de las disciplinas deportivas que se desarrollen para un conocimiento objetivo y real de éstas.

- Informar de todo lo concerniente de cada deporte a los alumnos/as que muestren un interés especial por su práctica.

<u>Objetivos procedimentales</u>

- Potenciar el interés por la práctica deportiva conociendo sus múltiples ventajas.

- Desarrollar distintas capacidades físicas generales de manera progresiva, siempre acorde con el nivel previo y posibilidades de cada participante.

• Adquirir nociones deportivas teóricas que permitan una buena práctica segura y responsable así como productiva.

• Llevar a cabo actividades deportivas divertidas que beneficien las diferentes capacidades físicas generales.

• Experimentar las propias y múltiples capacidades que tenemos para la práctica deportiva general a través de las diferentes actividades propuestas.

• Realizar juegos y competiciones entre compañeros/as que trabajen el sentimiento de grupo y pertenencia dentro de un contexto de deportividad.

• Analizar cómo desarrollar cada cualidad física siempre de forma saludable y beneficiosa con la adecuación del esfuerzo y entrenamiento progresivo.

• Fomentar la capacidad de trabajo colectivo de manera deportiva.

• Participar en las distintas actividades que se propongan de manera deportiva, cooperativa, respetuosa y grupal.

• Capacitar al alumnado para lograr los objetivos que vayan proponiéndose a lo largo del curso a través del trabajo colectivo y esfuerzo personal.

• Explicar cómo ejercitarse sin riesgo de ocasionarse las lesiones más comunes por falta de conocimiento de las bases fundamentales deportivas.

• Formar en distintas disciplinas para disfrutar, opinar, evaluar y elegir libremente.

• Ejercitar el cuerpo, la mente, la salud y la autoestima de forma integral y motivadora para un desarrollo óptimo de estas características.

• Prevenir los principales riesgos y lesiones más comunes.

• Progresar en cada uno de los deportes propuestos así como en el estado físico general.

• Ampliar conocimientos deportivos y físicos.

• Desarrollar la imaginación y creatividad a la hora de practicar deportes distintos.

• Trabajar espíritu deportivo de compañerismo, respeto y solidaridad.

<u>Objetivos actitudinales</u>

• Valorar el esfuerzo propio y colectivo en las diferentes prácticas deportivas.

• Rechazar actitudes antideportivas e insolidarias con los compañeros/as a fin de cultivar el espíritu deportivo.

• Destacar la importancia del trabajo grupal, solidario y colaborativo para el logro de metas comunes.

• Apreciar el deporte y las grandes posibilidades sociales que ofrece para una vida sana y equilibrada.

• Respetar los límites propios del cuerpo así como el de los demás para una práctica deportiva segura.

• Sensibilizar al alumnado con las dificultades que nos podemos encontrar en la vida y aumentar el afán de superación a través del trabajo y esfuerzo dentro de un marco respetuoso con el entorno que nos rodea.

• Reforzar la autoestima positivamente mediante una práctica del deporte sana y divertida trabajando e interactuando con los demás.

• Aceptar en juegos deportivos los equipos mixtos sin ningún tipo de prejuicio en aquellos casos que sea necesario.

- Contribuir a que el alumnado vaya expresándose y participando de manera más segura y autónoma en las actividades.

- Disfrutar de las actividades, del deporte en general y de los compañeros/as.

- Desestimar actitudes negativas e inoperantes a la hora de realizar actividades individuales y comunes que no respetan la colectividad.

- Tomar conciencia de la importancia de respetar nuestro cuerpo, lo que nos ofrece y cuidarlo.

- Admitir a todos en el grupo y actividades, con independencia de sexo, lugar de nacimiento así como su situación socio-económica.

- Responsabilizar al alumnado con una práctica del deporte responsable, disciplinada consigo mismo y siempre segura, a fin de evitar lesiones.

- Aumentar el círculo de amigos/as y vínculos que existan entre los participantes de las actividades estrechando las relaciones entre éstos.

- Afianzar la confianza en uno mismo y en sus propias posibilidades que todos/as tenemos para afrontar diferentes proyectos.

• Respetar y cuidar el material utilizado responsabilizándose en el uso adecuado de éste como elementos comunes.

DESARROLLO DE LA PROPUESTA POR DEPORTES

Cada una de las siguientes actividades esta sinópticamente planificada de manera general. Posteriormente serán descritas y desarrolladas con detalle en las diferentes unidades didácticas correspondientes a las diferentes sesiones de entrenamientos.

<u>Boccia</u>:

• Historia general de la boccia. Beneficios de la Boccia en todas sus dimensiones. Descripción teórica de los contenidos. Importancia del plano psicológico en los deportes. Formación teórica.

• Fases del entrenamiento deportivo. Calentamiento. Ejercicios de calentamiento.

• Fuerza de los lanzamientos. Dirección. estrategia de juego en las distintas modalidades. Juegos recreativos.

• Partidos en las modalidades de individuales, por parejas y equipos.

<u>Slalom</u>:

- Historia general del Slalom. Beneficios del Slalom en todas sus dimensiones. Descripción teórica de los contenidos. Importancia del plano psicológico en los deportes. Formación teórica.

- Fases del entrenamiento deportivo. Calentamiento. Ejercicios de calentamiento.

- Manejo de la silla. Giros en 180º. Giros en 360º. Giros en zig-zag. Subidas y bajadas de rampas. Aceleraciones y frenadas. Memorización de recorridos.

- Controles de tiempo en un recorrido real. Controles de tiempos en un recorrido variable. Recorridos en las modalidades de individuales y de equipos.

METODOLOGIA PARA LAS ACTIVIDADES

La metodología para desarrollar las diferentes actividades de deporte planteadas en esta propuesta es, ante todo, una metodología basada en la **participación activa** constante de los alumnos a través de dinámicas y ejercidos totalmente prácticos desde la primera sesión.

La mejora en el rendimiento deportivo y educativo se basa en el trabajo general así como en el trabajo especifico, por lo que las sesiones intercalan estos tipos de ejercicios a fin de alcanzar las mejoras y progresos en todos los aspectos psicomotores que intervienen en la práctica deportiva.

Independientemente, **se profundiza en ciertos conceptos teóricos básicos de cada deporte, a fin de que el alumnado reciba, de forma integral, la formación y conocimientos necesarios para afrontar los entrenamientos con garantía y seguridad**, asentando también las bases teóricas necesarias de una práctica deportiva logrando en aprendizaje significativo de cada deporte.

Mediante las unidades didácticas y planificación pertinente se persigue una evolución y consecución de los objetivos propuestos; tratando de lograr estos de manera homogénea en el grupo. De este modo el colectivo se beneficia, y todos los participantes avanzan en su desarrollo.

Para ello la propuesta es **dinámica y adaptada a las necesidades**, pero con la práctica y movilidad constante como eje direccional de nuestra metodología.

EVALUACIÓN INTERNA DE LA PROPUESTA

La evaluación interna de la propuesta se basa en dos directrices generales.

Por un lado se valora y evalúa **la participación global del alumnado**. Se tienen en cuenta las opiniones y sugerencias presentadas por los participantes y sus familias, a fin de conocer de primera mano las sensaciones e inquietudes, así como puntos de mejora que planteen de cara a actuaciones futuras.

También es interesante la opinión de los responsables de los centros donde se desarrolla esta actividad, para saber cómo ha incidido la actividad en su centro y que repercusión ha tenido entre los usuarios de estos.

Por otro lado se comprueban los avances, desarrollos y mejoras detectadas y evaluadas en los participantes en las distintas actividades. Para ello se realizara un seguimiento personalizado de cada uno de ellos, partiendo de sus ideas y conocimientos previos hasta la situación exacta en la que se determine la evaluación.

5. CUARTA PARTE:

DEPORTE ADAPTADO PARA GRANDES DISCAPACITADOS MOTORICOS EN LA PROVINCIA DE GRANADA

5.1. DEFINICIÓN DE LA PROPUESTA

Con esta propuesta pretendemos hacer llegar el deporte a personas con discapacidad y personas mayores con poca movilidad que viven en poblaciones de la provincia de Granada, en los cuales no se desarrollan programas deportivos dirigidos a este colectivo.

5.2. FUNDAMENTACIÓN

Sabemos por las estadísticas de población de personas con discapacidad, que existe un numero de 89,90 por mil habitantes, de discapacitados, este dato esta sacado de una estadística del año 1999, por lo que imaginamos que esta población habrá variado en el presente. Estos datos nos hacen pensar que en poblaciones del interior de la provincia de Granada, se podrán encontrar personas con discapacidad sobre las que incidir con actividades deportivas, que ya han sido establecidas en colectivos de estas características, pero en poblaciones con más recursos como es la capital de la provincia, donde hay asociaciones que cuentan con recursos humanos y materiales que pueden dar esta clase de actividades.

Pretendemos llevar estas actividades a las poblaciones más alejadas y con menos recursos con la ayuda de las instituciones provinciales, pues creemos que las personas con grandes discapacidades tienen el derecho de desarrollar actividades de ocio, tiempo libre y deporte.

Las instituciones provinciales cuentan con las oficinas zonales de la provincia de deporte y este puede ser un medio por el que poder desarrollar de una forma efectiva esta propuesta, el cual puede estar insertado en el "Plan para el fomento del voluntariado y desarrollo del Tejido Social".

5.3. DESCRIPCIÓN DE LA PROPUESTA

Esta propuesta cuenta con varias fases, unas serán complementarias unas de las otras y otras son objetivos en sí mismas, estas fases son:

• Captación y formación del voluntariado sobre estas actividades de deporte adaptado, esta fase se haría a través de las oficinas zonales de la provincia.

• Presentación a las asociaciones locales de minusválidos así como a los ayuntamientos, a través de sus áreas de servicios sociales, pues estos podrán informar a las personas minusválidos sobre este proyecto.

- Captación de personas discapacitadas, interesadas en esta actividad.

- Desarrollo de la actividad en si misma, entrenamiento, actividades deportivas, juegos adaptados, exhibiciones en fiestas locales, etc.

- Desarrollo de competiciones provinciales.

- Formación de un club deportivo que integre a aquellas personas interesadas en participar en competiciones a nivel autonómico y nacional.

5.4. FINALIDAD DE LA PROPUESTA

La finalidad de esta propuesta es hacer que personas con grandes discapacidades motóricas, que no han tenido la oportunidad de hacer una actividad deportiva, puedan hacer deporte a nivel lúdico o si le interesa, pueda hacerlo a nivel competitivo. Pretendemos que por el hecho de vivir en una población pequeña, pueda desarrollar una actividad que le va a proporcionar una gran satisfacción personal.

5.5. METAS

Las metas que nos establecemos es la de captar y mantener, en esta actividad, al mayor número de personas discapacitados y poder dar continuidad a la actividad a lo largo de varias temporadas.

5.6. OBJETIVOS

Acercar el deporte adaptado para grandes discapacitados, que se encuentran en poblaciones con pocos recursos para dar estos servicios a esta población

OBJETIVOS GENERALES

Crear unas escuelas provinciales de deportes adaptados, para grandes discapacitados, atendidas por un equipo de voluntarios, con una formación específica, en todas las comarcas de la provincia de Granada.

OBJETIVOS ESPECÍFICOS

- Captar voluntarios.

- Formar voluntarios.

- Captar usuarios.

- Enseñar los deportes adaptados a los deportistas.

- Realizar juegos provinciales.

- Participar en competiciones autonómicas y nacionales.

- Instaurar la actividad a largo plazo.

5.7. ACTIVIDADES

- Charlas en las oficinas zonales para los voluntarios.

- Cursos de un fin de semana para la formación específica de los voluntarios.

- Charlas, junto con los voluntarios de cada comarca, a las personas interesadas en participar en este proyecto.

- Desarrollo de juegos y entrenamientos en los distintos deportes, en cada una de las comarcas con establecimiento de los horarios y con el material y las instalaciones adecuadas. (consultar anexo1)

- Organización al final de la temporada de los juegos provinciales adaptados, en la ciudad deportiva de Armilla.

- Aquellos usuarios que tengan la capacidad y el interés podrán participar en competiciones autonómicas.

5.8. METODOLOGÍA

La metodología aplicada será variada, pues durante las charlas a los voluntarios utilizaremos apuntes sobre papel, soporte informático, presentaciones informáticas y videos.

Para la formación e instrucción de los usuarios de esta propuesta, se empleará un método secuencial y de autoevaluación por parte del   usuario

5.9. ORGANIZACIÓN

Para la realización de la primera parte de esta propuesta, la que se refiere a las charlas y cursos para los voluntarios, nos coordinaremos con el área de deportes de las instituciones provinciales.

El coordinador de la propuesta, solicitará las instalaciones y se coordinara con cada equipo de cada comarca, para establecer el horario de las sesiones y la programación de las actividades.

El coordinador pasará cada día por cada una de las zonas de práctica con el fin de supervisar y orientar las actividades que se desarrollan.

Cuando se organicen los juegos provinciales, el equipo de voluntarios junto con el coordinador, llevaran a cabo dicha organización junto con el personal de la ciudad deportiva de Armilla.

El coordinador se encargará de derivar a aquellos usuarios que deseen participar en las competiciones autonómicas

5.10. TEMPORALIZACIÓN

La temporalización estará dividida en dos etapas:

1ª Etapa:

- 1ª Semana: coordinación con las oficinas zonales para impartir las charlas a los posibles voluntarios.

- 2ª Semana: Charlas diarias en cada una de las comarcas de la provincia para la captación de voluntarios.

- 3º Fin de Semana: Curso de formación para los voluntarios en las instalaciones de la Diputación en la ciudad deportiva de Armilla.

- 4ª Semana: Cada día se realizará una charla junto con los voluntarios de cada zona, para la captación de posibles usuarios. Los voluntarios de cada comarca se encargarán de captarlos para acudir a las charlas.

- 5ª Semana: Realización de las actividades en cada una de las comarcas. Un día a la semana en cada comarca y en un día distinto en cada comarca.

2ª Etapa:

Se desarrollarán las actividades programadas para los usuarios en las distintas comarcas hasta el final de la temporada que será al final de Mayo.

En el mes de Junio, se realizaran los juegos provinciales adaptados, en función de la disponibilidad de las instalaciones de la ciudad deportiva se Armilla.

5.11. RECURSOS:

• **RECURSOS HUMANOS**: Contaremos con un coordinador del proyecto y un número variable de monitores en función del número de usuarios.

• **RECURSOS MATERIALES:** Pabellón polideportivo adaptado, en cada una de las zonas donde se va ha desarrollar la actividad, si no hubiera un polideportivo necesitaríamos una sala con unas medidas mínimas de 20x15 metros, material de deporte adaptado que se determinara en función de las necesidades, material fungible y un ordenador portátil.

5.12. EVALUACIÓN
Criterios de evaluación:

• Número de voluntarios

• Número de participantes

• Número de participantes a mitad de la actividad

• Número de participantes al final de la actividad

• Grado de satisfacción del voluntariado

• Grado de satisfacción de los participantes

• Posibles resultados deportivos a final de temporada

5.13. CONCLUSIONES

Entre las distintas actividades que desarrollan las personas con parálisis cerebral, quizá este deporte sea el que mayor ilusión y el que mayores expectativas les proporcione, dentro de un marco que los sitúa en sus capacidades más reales.

La boccia es más que un deporte para personas con P.C., es una herramienta y un vehículo integrador de estas personas con el resto de la sociedad, porque ¿qué deporte de los que conocemos podemos practicar todos, afectados y no afectados, en igualdad de condiciones?, prácticamente ninguno y aún menos los de mayor aceptación social. Por esto decimos que la boccia es algo más que un deporte.

La experiencia vivida, nos ha dado a entender que la práctica de la boccia en personas con parálisis cerebral, aporta unas habilidades en las relaciones interpersonales y unas experiencias antes inimaginables entre deportistas, familiares y auxiliares, una mayor agilidad mental, un mayor compañerismo y un mejor conocimiento y aceptación de su minusvalía. En definitiva una mejora de calidad de vida de las personas con parálisis cerebral y grandes afectaciones motoras.

6. QUINTA PARTE:

PREPARACIÓN SESIÒN DE ENTRENAMIENTO DE BOCCIA

6.1. INTRODUCCIÓN

En esta ponencia vamos a establecer los pasos a seguir para la preparación de una sesión de entrenamiento de Boccia.

Esta sesión va a ir destinada a deportistas que se ya tienen contacto con el deporte y están participando en una competición oficial. Vamos a suponer que nos encontramos a principio de temporada, el planteamiento de la sesión será distinta si nos encontráramos a mediados de la temporada o al final de la temporada, pues en estas etapas más avanzadas deberíamos de tener en cuenta variables más psicológicas que técnicas o tácticas.

Hay factores en la sesión de entrenamiento que no variaran, independientemente del momento deportivo en que nos encontremos, pues siempre tendremos que seguir unas pautas previas al entrenamiento que harán que este sea lo más efectivo y lo menos contraproducente para el deportista y para los monitores que en él participan.

Esta sesión entraría como actividad para desarrollar uno de los objetivos que nos marcamos para los deportistas que practican este deporte.

Los objetivos que nos marcamos los podemos dividir en dos:

– Control de la técnica (efectividad en el lanzamiento, control de las zonas del campo de juego, conocimiento del material, comunicación con los monitores, etc.,)

– Control de la táctica (salidas, jugadas de defensa, jugadas de ataque, etc.,)

6.2. EL ENTRENAMIENTO

Durante una sesión de entrenamiento tenemos que disponer de:

-Una instalación adecuada y adecuada nos referimos a un pabellón cubierto con unas medidas mínimas, en las que podamos ubicar una proporción de campos de Boccia en relación al número de deportistas que intervengan en el entrenamiento, la superficie de este pabellón ha de ser lo más lisa posible.

-Un material adecuado en calidad y en cantidad, sobre todo en cantidad y como decíamos antes en proporción al número de deportistas que intervengan, el material será , juegos de Boccia y material auxiliar como canaletas, frenos, posabolas, cintas de marcar, cronómetros, cintas métricas, metros extensibles, etc. .

Lo mas importe para poder desarrollar una sesión de entrenamiento es contar con un número adecuado de *monitores*, sin ellos los entrenamientos no se podrían llevar a cabo.

Una vez que nos encontremos en el pabellón marcaremos los campos de Boccia, cuyas medidas son de 12,5 m. de largo por 6 m. de ancho existen unas líneas internas de separación de zonas como son los boxees que se ubican en la zona inferior del campo, son 6 boxees de 1 m. de ancho por 2,5 m. de largo, también marcaremos una v en la que el vértice se encuentra en el centro del campo y a 1,5 m de la línea superior de boxees y las puntas de la v a 3 m. de la línea superior de boxees, por ultimo marcaremos una x en el centro del campo y a 5 m. de la línea superior del campo.

Dependiendo de la sesión que vayamos a realizar marcaremos una serie de líneas en el campo que nos delimitaran zonas del campo que nos interesen entrenar.

CAMPO DE BOCCIA.

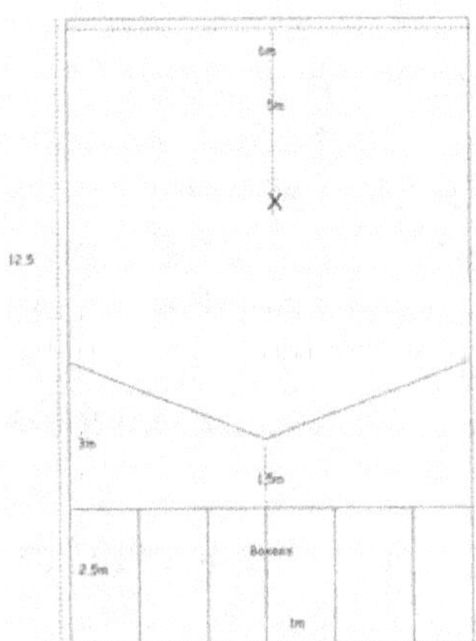

Dentro del campo delimitamos zonas que podamos evaluar a través de controles, comenzaremos con la zona de la v, esta zona es importante que dominen los jugadores pues es la zona donde se va a desarrollar el saque de la bola blanca.

Una vez que hayamos marcado los campos comenzaremos con el calentamiento físico, tan importante en todos los deportes, en este caso el calentamiento ha de estar asistido por los monitores que participan en estas sesiones.

Dadas las características de los deportistas que practican la Boccia (personas con Parálisis Cerebral) nos encontramos que su calentamiento tiene que ir en función del tipo de parálisis que tenga cada deportista, pues si nos encontramos con deportistas que tiene muy alto el tono muscular procuraremos que sea un calentamiento suave y mas relajante, pues su musculatura ya se encuentra los suficientemente tensa. Haremos más hincapié en los grupos musculares que mas intervengan en el juego, si son jugadores que utilizan el brazo, calentaremos o relajaremos este según el tono muscular del deportista, en el caso de los jugadores que utilizan las rampas nos centraremos en el cuello, hombros y espalda, si hubiera en ellos un exceso de tono muscular procuraríamos relajar a fin de que se encuentren lo más centrados en el juego.

Esta sesión de calentamiento puede durar entre 15 y 20 minutos, si contamos con suficiente personal y para agilizar mas la sesión, un grupo puede realizar el calentamiento mientras otro grupo puede encargarse de marcar los campos, en función de lo que se vaya a entrenar.

Como ya hemos indicado en la introducción, nuestros deportistas se encuentran a principio de la temporada y nos disponemos ha realizar ejercicios cuyo objetivo principal es poder ver el nivel en que se encuentran nuestros deportistas.

Iniciamos la sesión con lanzamientos aleatorios de bolas para que vayan tomando contacto con las bolas , el material y la superficie, los jugadores de brazos les sirve como ejercicio de calentamiento especifico, tras unos 15 minutos pasamos a ejercicios más específicos.

Para los deportistas que lanzan con sus brazos empezaremos con ejercicios de control de dirección, serán ejercicios en los que se pueda medir, a través de controles, los avances de dichos ejercicios. Pensamos que es importante que los deportistas puedan intervenir en la elaboración de estos controles para que ellos aprecien la evolución de sus lanzamientos así como las zonas del campo que controlan más y las que controlan menos. Estos mismos ejercicios los realizaremos para los deportistas que utilizan la rampa para lanzar.

Siempre procuraremos que los ejercicios sean lo más dinámicos posibles con el objetivo de mantener el mayor tiempo posible la atención sobre el ejercicio.

Como hemos indicado anteriormente también trabajaremos el control de la fuerza, la fuerza en los jugadores que lanzan con el brazo(categorías BC1,BC2 y BC4) se trabaja de forma distinta a los jugadores que lanzan con las rampas(categorías BC3) pues el jugador de las categorías bc1, bc2 y bc4 tiene que tener presente que sus lanzamientos están condicionados por su estado físico, afectación, control del movimiento y como es este movimiento pues tenemos que encontrar el movimiento más efectivo y el más natural para el deportista. En los jugadores de las categorías bc3 el control de la fuerza está condicionado por el material con el que lanza, canaleta, bolas, etc. La fuerza en estas categorías la medimos por la posibilidad que tenga el material de poder desarrollar jugadas de colocar bolas en determinados puntos del campo así como de la posibilidad de poder desplazar bolas dianas a una distancia adecuada.

La programación de la temporada nos determina el tiempo que dedicamos a estos ejercicios, así como la intensidad de estos.

Es determinante, para los jugadores de las categorías BC3, la comunicación con las auxiliares, el establecimiento de una comunicación adecuada, un protocolo en el proceso de lanzamiento.

En las categorías de BC3, los deportistas y sus auxiliares deben de establecer cómo van a desarrollar el juego, es decir, cual va a ser la señal que el jugador va emitir (en caso de no poder hablar) cuando le toque lanzar, cual va a ser la señal de mover el carro, cual va a ser la señal de pedir la canaleta, cual va a ser la señal de inclinación de la canaleta, que bola va a escoger dependiendo del tipo de jugada. Como podemos observar el proceso es complejo y lo que pretendemos con los entrenamientos es automatizarlo lo más posible, al igual que un deportista de elite automatiza y perfecciona los gestos deportivos de cada uno de sus deportes

Durante estas primeras sesiones de entrenamiento a la vez que entrenamos los aspectos técnicos de dirección y fuerza vamos incluyendo otros aspectos del juego que son importantes, algunos de estos ya los hemos enunciado, como son la comunicación entre el deportista y el auxiliar, el conocimiento del material, la concentración y hay algo que en mi opinión es fundamental como es el gusto por jugar a la Boccia.

A raíz del cambio de algunas normas del reglamento de Boccia, hay que tener en cuenta el tipo de bolas con el que jugamos, pues en la categoría BC3, la rampa no puede utilizar freno, y las jugadas en corto para poder frenar la bola tenemos dos opciones, elevar la punta de la canaleta o utilizar bolas que sean muy blandas con lo cual al lanzarlas recorrerán un tramo de campo muy corto, esto supone que durante el entrenamiento cada jugador tenga que entrenar con las mismas bolas que va a jugar durante la competición, cada jugador y su auxiliar, debe de conocer al dedillo el comportamiento de cada bola en varias zonas del campo.

Para los jugadores de las categorías BC1, BC2 y BC4 el conocimiento de las bolas ha de ser lo mismo de exhaustivo que para los jugadores de la categoría BC3, tienen que tener un control de sus bolas en cada una de las zonas del campo.

A continuación vamos a mostrar algunos ejemplos de controles que podemos pasar a los deportistas para trabajar la fuerza y la dirección a deportistas de Boccia.

CONTROL DE FUERZA

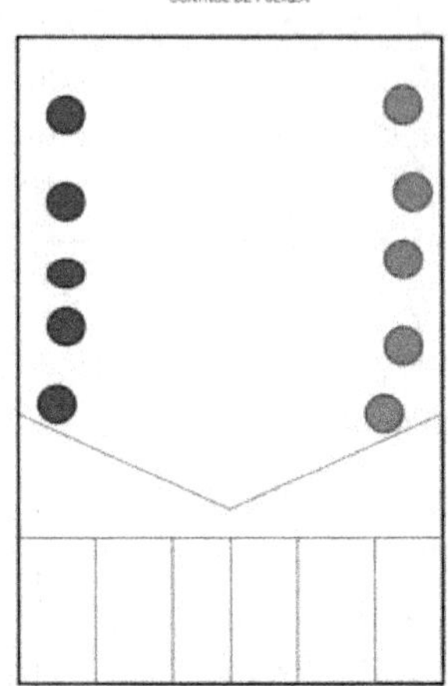

CONTROL DE DIRECCIÓN

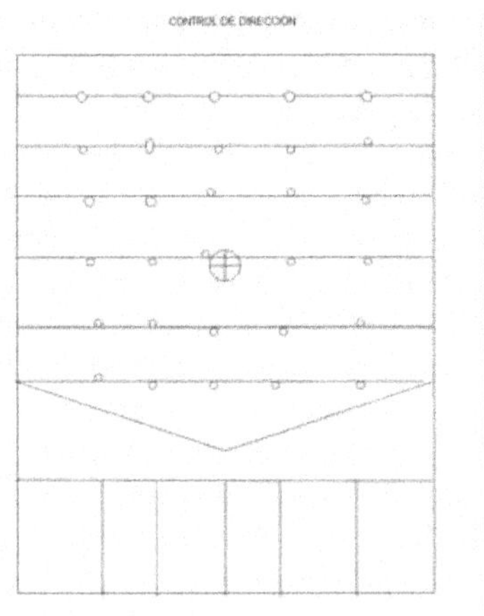

CONCLUSIONES

La principal conclusión que sacamos es la importancia del entrenamiento para conseguir los objetivos que nos marquemos, sea cual sea la especialidad que practiquemos. En este caso el entrenamiento es mas necesario pues los requerimientos de este deporte son tácticos y técnicos.

El dominio de la técnica hará mas fácil la aplicación de la táctica, por lo que es tan recomendable que en los primeras etapas de la temporada se haga hincapié en el dominio de la técnica, el control de la fuerza y de la dirección de lanzamiento, tanto en las categorías de BC3 como en las categorías BC1, BC2 y BC4.

6.3. FICHAS DE JUEGOS RELACIONADOS CON LA BOCCIA

FICHA1:

EL CUBO BAILON

MATERIALES:

- CAMPO RECTANGULAR DE DIMENSIONES PARECIDAS A UN CAMPO DE BOCCIA.

- UN JUEGO DE BOCCIA

- UN CUBO DE PLASTICO, PUEDE SERVIR EL MISMO CUBO DONDE GUARDAMOS LAS BOLAS DE BOCCIA.

- CINTA PARA MARCAR

OBJETIVOS:

Con este juego pretendemos crear un ambiente de equipo, de colaboración entre los componentes del equipo, así como la utilización de la fuerza y la dirección de los participantes.

MECANICA DE JUEGO:

En el campo de juego lo dividimos en dos partes y a cada lado del campo se colocan los dos equipos de tres jugadores cada equipo, en el centro del campo colocamos un cubo boca abajo, se sortea quien va a lanzar primero, el equipo que le toque lanzar intentara llevar el cubo al campo del contrario, el orden de lanzamiento será dependiendo de donde se encuentre el cubo, si esta en el campo A lanza el equipo, así hasta que saque el cubo de su campo o se le gasten las bolas, ganara el equipo que tenga el cubo menos tiempo en su campo o haga que gaste las bolas del equipo contrario.

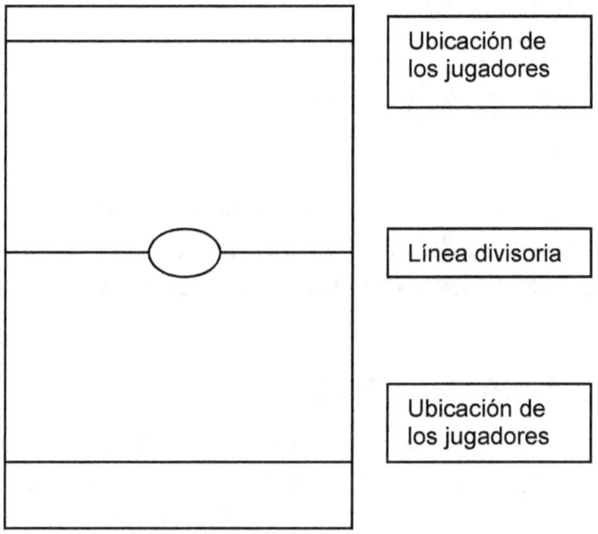

FICHA 2:

GOLF BOCCIA.

MATERIALES:

- CAMPO DE BOCCIA
- JUEGO DE BOCCIA
- CINTA DE MARCAR

OBJETIVOS:

Con este juego pretendemos que los participantes desarrollen un control del campo de boccia de una manera amena y divertida.

MECANICA DE JUEGO:

En un campo de boccia pintamos unos pequeños rectángulos con la cinta de marcar y les asignamos a cada rectángulo un numero, como los hoyos de los campos de golf, se enfrentaran dos jugadores y empezaran con el primer hoyo si no introducen la bola a la primera, seguirá tirando el que esté más lejos y se anotara en cada hoyo los lanzamientos realizados por cada uno de los jugadores. Los números de los hoyos los asignaremos aleatoriamente para trabajar la adaptación de tiro a distintas posiciones.

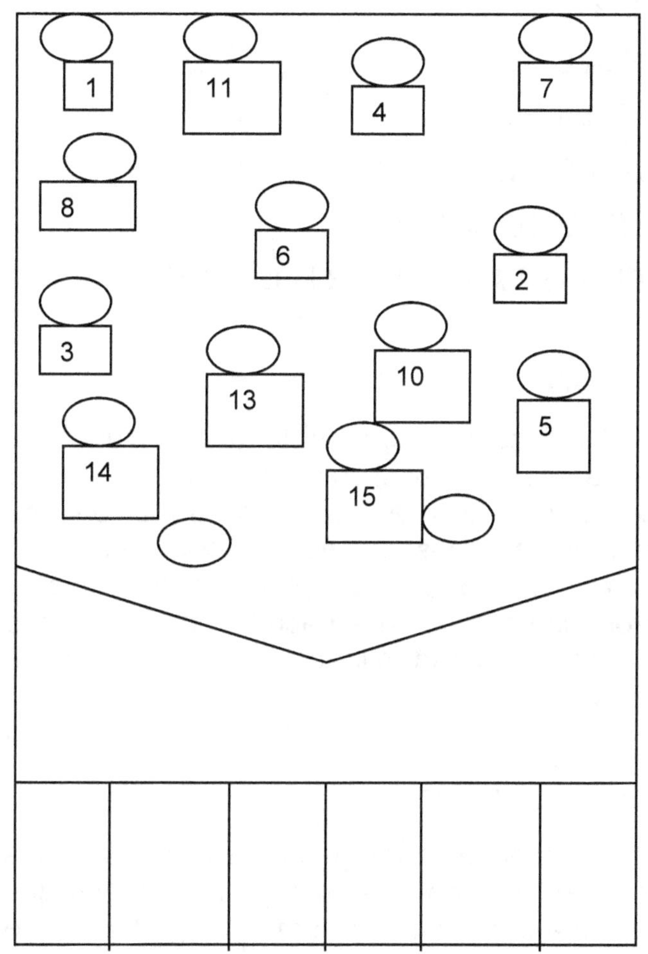

FICHA3:

BOCCIA CIEGA.

MATERIALES:

- CAMPO DE BOCCIA
- JUEGO DE BOCCIA
- VENDAS PARA TAPAR LOS OJOS

OBJETIVOS:

Con este juego pretendemos que los participantes desarrollen un control de la percepción de tiro, así como la posibilidad de experimentar sensaciones nuevas en una actividad que supuestamente controlamos y controlar la percepción espacial en personas que nunca la han desarrollado o la han trabajado poco.

MECANICA DE JUEGO:

Colocamos a los jugadores en los boxes de tiro, les tapamos los ojos y les pedimos que lancen una bola donde quieran, les pedimos que lancen de nuevo, a donde ellos creen que ha caído la bola, le pedimos que realicen este proceso hasta agotar todas la bolas, cuando han terminado de lanzar les quitamos la venda y comprobamos el numero de aciertos.

FICHA 4:

DETRÁS TUYA

MATERIALES:

- CAMPO DE BOCCIA
- JUEGO DE BOCCIA

OBJETIVOS:

Con este juego pretendemos que los participantes trabajen la atención en el juego y la adecuación de tiro a una situación cambiante.

MECANICA DE JUEGO:

En este juego pueden participar desde dos jugadores hasta seis, una vez colocados en los boxes le pedimos al jugador del box numero uno que lance la bola donde él quiera, el jugador n° 2 tirara donde haya colocado la bola el jugador 1 la secuencia sigue con los demás jugadores. El juego será efectivo si las bolas se encuentran todas amontonadas en el lugar donde se produjo el primer lanzamiento, si por el contrario todas las bolas están desperdigadas por todo el campo significa que los jugadores han sido poco efectivos en sus tiros

FICHA 5:

COLOR RAPIDO

MATERIALES:

- CAMPO DE BOCCIA

- JUEGO DE BOCCIA

- CICULOS DE PAPEL DE VARIOS COLORES

OBJETIVOS:

Con este juego pretendemos que los participantes trabajen la atención y el conocimiento de los colores.

MECANICA DE JUEGO:

En la zona de juego colocamos círculos grandes de varios colores por toda la zona de juego, los jugadores que están en la zona de tiro esperan a que nombremos un color y estos lanzarán al color que se ha nombrado, ganará el que más bolas haya colocado en el color nombrado o más cerca las haya dejado.

FICHA: 6

¿DÓNDE ESTOY?

MATERIALES:

- CAMPO DE BOCCIA

- JUEGO DE BOCCIA

OBJETIVOS:

Con este juego pretendemos que los participantes trabajen la orientación espacial

MECANICA DE JUEGO:

En este juego pueden participar dos jugadores, uno de ellos se coloca en la zona de tiro con los ojos tapados, el otro jugador se coloca en la zona del campo que quiera, pero llevara delante de él un objeto, el que decidamos, que pueda hacer ruido, este emitirá un ruido y el jugador que está en la zona de tiro lanzara hacia donde crea que este el sonido, sabrá que ha acertado por el ruido que haga el objeto que lleve el jugador diana. Cuando se hayan realizado cuatro tiros se cambiaran las posiciones de los jugadores. El jugador que emita el sonido deberá cambiar de posición tras cada tiro, procurando no hacer ruido.

7. SEXTA PARTE:

CURSO DE TÉCNICOS DE BOCCIA

7.1. TÉCNICAS DE ENTRENAMIENTO

A la hora de ponernos a entrenar tenemos que hacernos una pregunta ¿para que entrenamos? Muchos responderán para sacar el mayor partido posible a los jugadores, otros para mantener un buen nivel de juego, las respuestas son tantas como entrenadores haya, pero tenemos que tener en cuenta sobre todo a quien entrenamos y cuáles son los medios con los que contamos.

Cuando llegan a nosotros algún deportista que quiere practicar Boccia tenemos que hacer unas valoraciones a nivel físico, como son el *nivel de la fuerza*, para lo cual pedimos que hagan lanzamientos a lo largo del campo y hacemos una valoración de esta fuerza.

No debemos engañarnos a cerca de si los lanzamientos son cortos o sin fuerza pues tenemos que pensar que suelen ser jugadores que nunca han hecho este tipo de esfuerzos y tienen que tener un tiempo de adaptación a este nuevo juego.

Por supuesto que esta valoración la haremos para jugadores que creamos sean de las categorías BC1 y BC2, para la categoría de BC3 tendremos que hacer esta valoración con el manejo del freno y teniendo en cuenta las características de la canaleta que tenga el deportista procurando en la medida de lo posible que sea una canaleta que tenga un funcionamiento lo más aceptable posible.

A la hora de que ejercicios son los más adecuados a la hora de entrenar o trabajar la fuerza, procuraremos que sean ejercicios los más dinámicos posible y ala vez que se puedan cuantificar sobre el papel, para poder tener un control sobre el deportista y poder observar sus evoluciones.

Uno de estos ejercicios podría ser el marcar cinco líneas a lo largo del campo y pedimos a los deportistas que coloque las bolas en estas líneas. También podríamos poner bolas en los bordes del campo y pedir que las saquen pero sin que salga la bola que hemos lanzado .Estos son dos ejemplos de lo que podemos hacer para trabajar la fuerza, cada uno puede aplicar el que crea más conveniente en función de sus medios y de las características de los jugadores, eeste tipo de ejercicios son validos, tanto para jugadores de BC1, BC2 y BC3, no hay que hacer nada especial para cada una de las clases.

A la vez que hacemos esta valoración de la fuerza también tenemos que hacer una *valoración de la dirección* tenemos que encontrar en los jugadores de mano el movimiento que mas favorezca una buena dirección y que además sea lo más natural posible, para esto tenemos que pedir que lancen un buen número de veces de distintas formas y vamos observando cual es la más efectiva .Este supuesto es para jugadores que llegan a nosotros por primera vez.

Para trabajar la dirección también hay varios ejercicios y vamos a pedir lo mismo que para la fuerza, que sean lo más dinámicos posible y susceptibles de ser controlados en papel para un mejor control por parte del entrenador y de los deportistas.

Algunos ejemplos de estos ejercicios serian trazar cinco líneas a lo largo y a lo ancho del campo y señalamos cinco puntos en cada una de estas líneas con dos bolas, el jugador tiene que intentar darle a estas bolas cinco veces en todas las posiciones. Tenemos que pensar que para trabajar la dirección es más simple pues el objetivo final es el dominio del lanzamiento en todo el campo y el entrenamiento seria la colocación de objetivos a lo largo y ancho del todo el campo pero procurando que sea cuantificable por nosotros y que no sea aburrido para el deportista y sus auxiliares.

Ahora pasamos a la valoración más importante que tenemos que hacer de un jugador de Boccia , la valoración sobre *las capacidades de desarrollo de juego por parte de un jugador* , sin estas capacidades el juego que va a desarrollar un jugador va a ser lo que le enseñemos y no va a adaptarse a situaciones de juego que implique una mayor complejidad .Tenemos que tener en cuenta la capacidad de comprensión que tienen nuestros jugadores y así adecuar la enseñanza de la Boccia a un nivel básico o a niveles más complejos . Hemos de empezar por las cuestiones más básicas del juego de la Boccia, como son, el juego sobre la bola blanca, los espacios al rededor de la bola blanca e iremos dando complejidad a medida que el deportista va avanzando en su aprendizaje.

En los entrenamientos ,tiene que reinar un ambiente de cordialidad entre deportistas y monitores a la vez que un aprovechamiento del tiempo que dedicamos a estos entrenamientos , podemos jugar partidos entre monitores y deportistas o hacer lo que llamamos un partido teledirigido que consiste en que sean los auxiliares los que juegan pero que sean los jugadores , colocados frente a ellos , los que les digan quien tiene que lanzar ,como y a donde, de esta forma le estamos dando a los jugadores la oportunidad de tener otra percepción del juego y de experimentar algo muy importante en el juego de la Boccia , la toma de decisiones , este apartado lo tenemos que potenciar en cada momento de los entrenamientos ,pues uno de los aspectos más destacables de la Boccia es el que los deportistas son los que toman las decisiones acerca de lo que deben hacer en cada momento.

Debemos de hacer un análisis continuado de las jugadas, alternativas de las jugadas, pruebas de estas alternativas y hacer que los deportistas tengan otras visiones del juego, debemos aportarles la posibilidad de que puedan rectificar y aumentar sus recursos de juego.

En función de los medios de que dispongamos debemos de hacer una programación de los entrenamientos, evaluando continuamente las variables de dirección y fuerza, a la vez que incidimos en el proceso de enriquecimiento de los recursos de juego y en el mayor dominio de las variantes que intervienen en el juego.

7.2. METODOLOGÍA DE ENSEÑANZA Y PSICOLOGÍA

El entrenador de Boccia asume las funciones de un educador, que transmite unos conocimientos sobre Boccia, adaptándonos a las características de nuestros jugadores en todos los sentidos, físicos y mentales.

La labor del entrenador es estructurar los aprendizajes de forma táctica, tenemos que saber en que fallamos a la hora de transmitir un aprendizaje , para asegurarnos que este aprendizaje es asimilado tendremos que secuenciar las tareas y así tener un conocimiento más claro de dónde se encuentra la dificultad en dicho aprendizaje .

Trabajamos y aprendemos a partir de una práctica de juego, pero las personas con dificultades tienen más problemas, por lo tanto nosotros tenemos que dirigir a cada uno hacia lo que puede hacer y que sea lo más funcional.

La secuenciación de las tareas nos va a ayudar a actuar sobre las dificultades que se nos presente, esta secuenciación ha de ser lo más desmenuzada posible.

Este método de trabajo puede resultar poco práctico si contamos con pocos recursos tanto humanos como materiales pero es efectivo en tanto que sabemos con exactitud en que falla cada uno de nuestros jugadores en aspectos muy concretos del juego.

El conocimiento de la personalidad de cada uno de nuestros deportistas, es importante pues tenemos que incidir en cada uno de ellos de una forma determinada para que puedan asimilar los conocimientos que deseamos que adquieran pero a la vez tenemos que transmitir una idea de grupo, si lo tenemos, pues también entre ellos se pueden ayudar a la adquisición de estos conocimientos y el comentario de las jugadas entre ellos.

7.3. FISIOLOGÍA Y ENTRENAMIENTO DEPORTIVO

En este apartado tenemos que hacer un análisis de los movimientos y tener en cuenta algunas variantes que intervienen en el lanzamiento y en su efectividad ,estas variantes serian el control de la fuerza y el control del movimiento voluntario , la combinación de estas dos variantes nos dan unos estándar de jugadores tipo y sus posibilidades de juego:

Jugadores con grandes dificultades en el control del movimiento voluntario

Serian los jugadores de BC3. No tendrán posibilidad de lanzamiento por lo que tendrán que ayudarse de las canaletas. Pero dentro de este grupo nos encontramos con jugadores que si pueden sujetar la bola con las manos y ponerla en la rampa y soltarla para lanzar y también nos encontramos con los que el control se limita a la cabeza y se tiene que ayudar de un licornio para sujetar la bola y lanzarla.

En esta categoría la capacidad física es la que menos interviene en el juego y en la que se establece mayor igualdad entre los deportistas, aunque es más determinante la calidad de los materiales auxiliares que se utilizan.

Jugadores con algunas dificultades en el control del movimiento voluntario y de la fuerza

106

En este grupo entran un número muy amplio de deportistas de las categorías BC1 y BC2, la clave en estos jugadores esbara en el <u>control de la fuerza</u> encontrándonos con jugadores con buena fuerza y buen dominio de esta y también nos encontramos con jugadores con poca fuerza y poco control sobre ella, como ya hemos dicho la clave estará en el control de esta fuerza y de los movimientos voluntarios que harán que se lance la bola al lugar elegido.

Jugadores con mínimas o ninguna dificultad en el control del movimiento voluntario

En este grupo nos encontramos con los jugadores que tienen mayor ventaja a nivel físico y los que pueden dar un mayor rendimiento deportivo, pues tienen un mayor control sobre la dirección y la fuerza.

Una vez que hemos dado un orientación sobre los distintos tipos de deportistas que nos podemos encontrar vamos a pasar a un punto muy importante en los entrenamientos que es el calentamiento o *la preparación física* la cual nos permite poner a los deportistas en disposición de practicar este deporte, con las garantías suficientes de que no vamos a tener problemas físicos ,como por ejemplo contracturas , roturas fibrilares etc. ,para lo cual deberíamos empezar con una tabla de ejercicios que movilicen el mayor grupo posible de músculos y que a la vez vayan a intervenir en el deporte, caso de cuello , espalda , miembros superiores y hombros , estos movimientos han de ser de máxima extensión y no de rebote pues estas manipulaciones de rebote son las que hacen que se produzcan mayor numero de lesiones musculares.

7.4. DEPORTES

En este momento el deporte en Parálisis Cerebral ha alcanzado un nivel alto y a la vez presenta una gran variedad de deportes, en este curso nos estamos centrando en la Boccia pero vamos a hacer un pequeño repaso de los distintos deportes que se practican o más bien que pueden practicar los paralíticos cerebrales:

-Bicicleta y triciclo

-Lawn Bowls

-Atletismo:

*100 m , 200 m , 400 m ,800m , 1500m ,5000m , 10000m .

*Relevos para sillas y ambulantes

*Maratón (½ maratón, 21,0975 Km)

*Pruebas de campo a través

*Pentatlón

*Lanzamientos (Club, peso, disco y jabalina)

*Salto de longitud

-Slalom

-Futbol 7

-Natación

-Tenis de mesa

-Deportes de invierno

-Arco

-Equitación

-Levantamiento de peso

-Tiro

-Baloncesto

-Esgrima

-Tenis

-Rugby en silla de ruedas

Ahora vamos a pasar al deporte que nos ha traído hasta aquí a la mayoría de todos, la Boccia.

La Boccia es un deporte que tiene sus orígenes en la antigua Grecia y fue adaptado por los países nórdicos y difundidos al resto del mundo. Es deporte que está pensado para personas con grandes minusvalías o con poca movilidad.

El juego consiste en colocar el mayor número posible de bolas de nuestro color, cerca de la bola blanco o diana, que el contrario. El juego consta de 6 bolas azules , 6 bolas rojas y una bola blanca o diana , se juega en un rectángulo de 12.5 m de largo y 6 m de ancho con unas zonas de lanzamiento en la parte inferior del campo , o boxes , con unas medidas de 1m de ancho por 2.5 m de largo ,hay 6 boxes siendo los boxes impares para los jugadores que elijan rojas y los pares para los que elijan azules , también existe una zona en uve que delimita un espacio cercano a los boxes en el cual no puede ser jugada la bola blanca .

Hemos hecho una definición del juego y de la zona de juego pasamos a hacer una descripción de quien puede jugar a Boccia, los jugadores que pueden jugar a Boccia son los que son clasificados como Clase 1 y Clase 2 pero en Boccia se hacen una subclases:

- BC3 son jugadores de clase 1 pero con imposibilidad de poder lanzar por ellos mismo y necesitan de material auxiliar, son los denominados "canaletas", estos jugadores necesitan de un auxiliar para poder manejar la canaleta y además no puede participar en el juego.

- BC1 son jugadores de clase 1 pero con posibilidad de lanzamiento aunque no puede manejar la silla de ruedas por ellos mismos, a no ser que lleve una silla eléctrica, estos jugadores pueden tener un auxiliar para entregarles las bolas y moverles la silla dentro del box, los auxiliares tampoco pueden intervenir en el juego.
- BC2 son jugadores de clase 2 con posibilidad de lanzamiento y de manejar la silla de ruedas por ellos mismos, no necesitan auxiliares.
- BC4 son jugadores no Paralíticos Cerebrales pero que tienen una característica física similar a los BC2, estos jugadores, de momento, juegan entre ellos y no forman parte de los equipos.

La Boccia se juega de forma individual sin mezcla de clases o sea jugadores de BC3 jugaran entre ellos y así ocurre en el resto de las clases, también se juegan en parejas, solo para jugadores de BC3, y en equipos para jugadores de BC1 y BC2, juntos, aunque en el terreno de juego siempre debe de haber un jugador de la clase BC1.

ASPECTOS TÁCTICOS

- ✓ Salidas
- ✓ Juego en el box
- ✓ Cobertura de ángulos
- ✓ Espacios de puntuación
- ✓ Juego de apoyo
- ✓ Juego en parejas
- ✓ Juego en equipos

OTRAS VARIANTES DEL JUEGO

- ✓ Material auxiliar
- ✓ Elección de las bolas
- ✓ Adaptabilidad
- ✓ Características del contrario
- ✓ Situación del parcial y del partido
- ✓ Control del tiempo

8.   SEPTIMA PARTE:
MI EXPERENCIA CON LA BOCCIA

El principio de mi relación con este deporte, empieza con mi primera relación laboral en ASPACE, en octubre de 1992. Me habían contratado a mí y a mi compañera María para hacernos cargo de un aula para chicos y chicas con Parálisis Cerebral gravemente afectados, en un principio nos ubicaron en un aula en el centro de educación especial Jean Piaget, de Armilla-Ogíjares.

ASPACE tenía otras dependencias en Granada pero era un lugar pequeño para acogernos a todos, aunque a los pocos meses el resto de los usuarios de ASPACE se trasladaron al centro Jean Piagett en un ala de este centro que estaba sin utilizar. En este centro disfrutábamos de unas dependencias más amplias y mejor adaptadas, utilizábamos todos los servicios del centro, comedor, aseos, cafetería, patios, instalaciones deportivas, etc.

Por esta época en ASPACE se estaba gestando un gran cambio, de mano de su nueva gerente, Araceli Delgado, y a María y a mí nos pillo en medio, con mucha ilusión por este nuevo proyecto en el que nos habíamos embarcado, al igual que ha varios padres que colaboraban estrechamente con todas las actividades que organizaba la asociación, una de esas actividades estaba relacionada con el deporte y el grupo de padres que se hicieron cargo de esta actividad me pidieron si quería colaborar con ellos, les dije que si, pues el deporte siempre me había llamado la atención, tenía curiosidad por saber y ver como estas personas con un grado de minusvalía tan grande podrían hacer deporte.

El deporte adaptado estaba empezando a resurgir, con la ayuda de las olimpiadas de Barcelona del año 92, se estaba generando un movimiento de propaganda de los deportes para personas con Parálisis Cerebral, promovido por la recién nacida Federación Española de Deportes de Parálisis Cerebral, la cual animaba a los centros de atención a personas con Parálisis Cerebral a llevar el deporte a los usuarios de estos centros, para lo que se organizaban cursos, jornadas, exhibiciones de estos deportes.

Desde ASPACE estábamos dispuestos a llevar el deporte a nuestros usuarios, así que organizamos unas primeras jornadas de deporte adaptado y trajimos a personas ya iniciadas en el deporte adaptado, destaco aquí la ayuda que recibimos por parte de José Luis Sirera, de ASPACE Guipúzcoa y Florencio Díaz de ASPACE Talavera, estas dos personas fueron y son referentes para mí durante todo el tiempo que me he dedicado a esta actividad por todo lo que me enseñaron de los distintos deportes y por darme la oportunidad de disfrutar de su amistad y su sabiduría.

Con ellos aprendimos a jugar a la Boccia, al slalom, aprendimos de atletismo adaptado, de futbol-7, de tenis de mesa adaptado y de ciclismo, ellos nos dieron las primeras lecciones sobre como entrenar, a diferenciar a los distintos deportistas dependiendo de su categoría, nos mostraron los primeros modelos de canaletas para los deportistas de clase BC3, pero este aprendizaje se extendió a lo largo de todo el tiempo que me he dedicado a esto del deporte adaptado.

En el año 1993 me incorporo por completo a la dinámica de las actividades deportivas de ASPACE a la vez que realizo mis tareas como educador en el centro, contamos con unos 25 usuarios pero no todos pueden realizar deporte, así que un par de días a la semana realizamos entrenamientos en el gimnasio del centro con los usuarios que pueden y quieren practicar deporte, son entrenamientos muy peculiares pues debemos conocernos, debemos establecer mecanismos de comunicación, entre los deportistas y las personas que entrenamos con ellos, se desarrolla un gran trabajo pedagógico sobre lo que es cada deporte y que pretendemos que hagan los deportistas en cada una de las disciplinas.

Al año siguiente entran a ASPACE un nuevo grupo de usuarios, chicos más jóvenes y les ofrecemos la posibilidad de que puedan hacer deporte e inmediatamente aceptan y nos ponemos a trabajar con ellos con mucha ilusión, pues son chicos muy trabajadores y comprometidos con el trabajo que se hace con ellos. Los entrenamientos son muy dinámicos y muy divertidos, contamos con varios voluntarios, estudiantes que hacen sus prácticas en ASPACE y personas voluntarias que quieren colaborar de manera desinteresada con la asociación, nos organizamos de tal manera que todos los deportistas puedan entrenar adaptándonos a los horarios de los voluntarios, generando un ambiente muy cálido y divertido, en las sesiones mezclamos juego y seriedad procurando que todos, tanto deportistas como voluntarios que no se aburran y mantengan las ganas y la ilusión por lo que estaban haciendo a la vez que vamos perfeccionando las técnicas de los distintos deportes que practicamos.

A la vez que vamos aprendiendo y perfeccionando nuestro manejo de estos nuevos deportes en Andalucía surge la inquietud por parte de otros centros y el nuestro de organizar competiciones a nivel autonómico para poder competir en los eventos deportivos de las distintas modalidades deportivas, promovidas por la Federación Española de Deportes de Parálisis Cerebral, en un principio al no disponer de suficientes deportistas de nuestra comunidad para organizar competiciones autonómicas, nos tenemos que desplazar a otras comunidades como Extremadura y Castilla la Mancha.

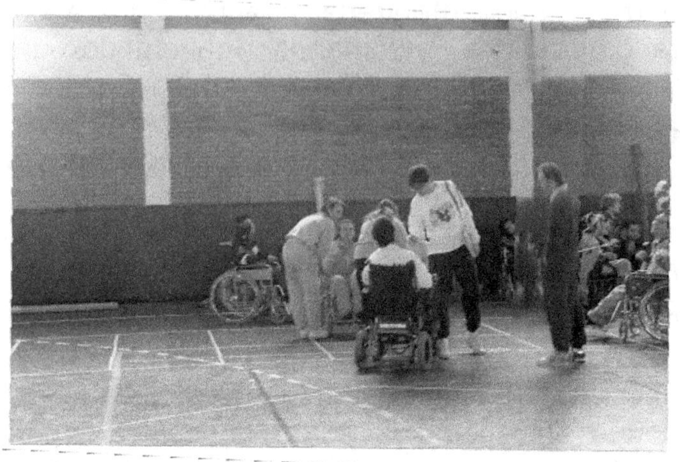

Estas competiciones se realizan a lo largo de un fin de semana y esto supone una gran exigencia para nuestros deportistas pues se juegan en un fin de semana la posibilidad de participar en un campeonato de España, pero también suponen la posibilidad de relacionarnos con personas que tienen las mismas inquietudes que nosotros, intercambiamos experiencias, motivaciones, soluciones, planteamos nuevos retos para nuestros deportistas y se va generando unas sinergias entre todos que hacen que nos retroalimentemos en nuestra pasión por todo lo que estamos viviendo.

La otra cara de estas competiciones es la absoluta dedicación que le prestábamos a los deportistas, pues necesitaban que se lo hiciéramos casi todo, llevarlos al servicio, darles de comer, darles de beber, bañarlos, vestirlos, acostarlos, levantarlos, teníamos que saber que cosas, medicinas y alimentos podían y no podían tomar, etc...., y además teníamos que estar pendientes de los aspectos deportivos pero todo lo hacíamos con mucha alegría, pues estaba rodeado de un grupo de voluntarios que daban mucho más de lo que recibían.

El voluntariado era y es decisivo para poder realizar todas estas actividades, sin ellos es imposible realizar los entrenamientos, llevarlos a las competiciones, una vez allí son necesarios para cubrir sus necesidades más básicas pero también son necesarios para poder practicar el deporte, animarles, estimularles en los momentos bajos y también alegrarnos cuando conseguían los éxitos y estos momentos eran los mejores, las caras de felicidad, los gestos de victoria, la complicidad de los voluntarios con los deportistas y viceversa, todos esos momentos son inolvidables y hubo tantos que con un solo momento de estos ya valió la pena el dedicarme a esto durante todos estos años.

En estos primeros años logramos que más centros de Andalucía practicaran deporte y nos pudimos organizar y poner en marcha una liga andaluza de Boccia, que era el deporte más practicado, sin descuidar a los otros deportes, me propusieron que fuera el coordinador de esta liga y nos pusimos manos a la obra y sacamos nuestra primera liga. Fueron muchas tardes de entrenamiento, de preparar material y formar a nuevos voluntarios, los cuales tenían que realizar varias funciones, auxiliares, árbitros y cuidadores.

El entusiasmo de los responsables de otros clubes fue determinante para poder sacar esta liga adelante. Las jornadas se distribuían a lo largo de 6 meses con dos jornadas por mes, este ritmo tuvimos que cortarlo pues los voluntarios no podían conciliar su vida privada con esta actividad y yo tampoco, tengo una familia y este ritmo estaba minando mi relación familiar, así que al año siguiente reorganizamos la liga y la hicimos menos densa, las jornadas las espaciamos en el tiempo, todo esto consensuado con los deportistas, técnicos y voluntarios.

Los responsables de los clubes nos planteamos organizarnos como federación andaluza de deportes de parálisis cerebral y organizamos varias reuniones para dar forma a esta nueva federación, fueron muchos los intentos pero no fuimos capaces de ponernos de acuerdo o no contamos con las personas con la suficiente iniciativa para hacer esta federación realidad. Fue al cabo de los diez años cuando apareció esa persona que dio el impulso suficiente, con la iniciativa, los conocimientos y los contactos adecuados para que la Federación Andaluza de deportes de Parálisis Cerebral fuera reconocida por la Junta de Andalucía, esa persona fue Julián Rebollo.

A lo largo de estos años los centros de atención a personas con parálisis cerebral, fueron dando más importancia a la actividad deportiva y fueron creando sus propios clubes deportivos y desde ASPACE también lo hicimos, empezando con ese grupo de padres tan ilusionados porque esta actividad se desarrollara lo máximo posible y pusimos a andar nuestro club el CLUB DEPORTIVO ASPACE GRANADA, el cual funcionaba de manera independiente a ASPACE pero a la vez en estrecha relación con este y a veces surgen diferencias entre las personas y esas diferencias acentúan mas la independencia entre las dos instituciones de tal manera que la independencia es total y se separan las dos entidades, la situación me generó una gran contradicción pues yo me sentía muy cercano con este grupo de padres pero yo trabajaba para ASPACE y mi trabajo estaba antes que el club.

Fue esta una etapa de gran actividad tanto deportiva como de relación con otras personas e instituciones, organizamos cursos de formación y de divulgación con las instituciones más representativas de la ciudad como el ayuntamiento, la diputación de Granada y la universidad de Granada, dándome la oportunidad de conocer a personas que se volcaron con nuestro proyectos y nos prestaron su ayuda en todo lo que necesitamos pero a la vez hice unas muy buenas amistades como con el profesor Juan Miguel Arráez de la Universidad de Granada, con el cual colaboramos siempre que nos lo requiere,, esta colaboración es mutua.

Tengo un grato recuerdo de todo el personal de las instalaciones y personal administrativo dependientes del patronato municipal de deportes del ayuntamiento de Granada, así como de los trabajadores de las instalaciones y personal administrativo de la Diputación de Granada, en Armilla, siempre me ayudaron cuando tenía que solicitar alguna instalación o para solicitar ayudas de estas instituciones, se volcaron especialmente cuando organizamos en los años 2003 y 2006 sendos campeonatos de España de Boccia, los primeros en instalaciones del patronato municipal del ayuntamiento de Granada y los segundos en las instalaciones de la Diputación en Armilla, los dos fueron un éxito gracias a la colaboración del personal de estas instituciones, los cuales facilitaron y ayudaron para que todo saliera bien.

Cuando se produce la ruptura entre ASPACE y el Club Deportivo Aspace Granada me hago cargo del nuevo club deportivo, en esta época ASPACE ha cambiado de ubicación, tiene un nuevo centro propio, en el cual disponemos de instalaciones en las que podemos realizar los entrenamientos, aunque nos encontramos con que el número de usuarios aumenta mucho y nos encontramos con más usuarios que quieren hacer deporte y tenemos que buscar unas instalaciones más apropiadas, a la vez necesitamos contar con más voluntarios y contamos con algunos compañeros de trabajo que deciden ayudarnos junto a estudiantes que realizan las practicas en ASPACE.

El grupo crece y sus necesidades también, pues hay que coordinar con los responsables de ASPACE, el tiempo que le vamos a dedicar a los entrenamientos y se decide que el viernes se va a dejar para el deporte, hay un buen ambiente de trabajo que contagia a todo el colectivo, hay reconocimiento por parte de los directivos de la asociación pero también surgen algunas rencillas por parte de personas que no entienden la dedicación que se le da a esta actividad cuestionando su validez dentro de la programación del centro, pero el grupo es tan amplio y tan participativo que quedan suavizadas y tienen poca repercusión.

Las oportunidades de formarme como mejor técnico son abundantes y procuro aprovecharlas, con cursos de entrenamiento, de construcción de material especifico organizados por la F.E.D.P.C., lo cual me permite seguir en contacto con las personas que en el resto del estado se están formando como yo, compartimos inquietudes, sueños y proyectos, estos los traslado a mi club, a mis voluntarios, colaboradores y a los deportistas.

Una de mis mayores inquietudes era la de hacer llegar el deporte adaptado al mayor número posible de personas con discapacidad y realizo campañas de divulgación entre los centros de la ciudad y conseguimos que varias personas se acerquen a este mundo y algunos lo hacen de manera brillante, otros no tanto pero si me llevé de ellos unos muy buenos recuerdos y su amistad, pues yo procuraba darles no solo formación deportiva, sino hacerles ver que para ser un gran deportista primero hay que ser una buena persona, centrada en nuestros objetivos y sabiendo ser disciplinado con esos objetivos, respetando a nuestros contrarios y a la vez exigiéndonos a nosotros mismos el máximo de nuestras posibilidades, pero esta idea sobre cómo afrontar el deporte también se lo transmitía a los voluntarios y colaboradores, todos lo asumieron y lo perfeccionaron, me daban unos puntos de vista distintos de cómo afrontar las situaciones nuevas y los problemas, había conseguido que se involucrarán en el proyecto y que lo hicieran suyo.

Unas de las mayores satisfacciones que me dieron durante estos años fue que contaran conmigo en varias ocasiones para formar parte del staff técnico de la selección Española de Boccia, participé en varias concentraciones preparatorias de competiciones internacionales, como campeonatos de Europa, copas del Mundo, campeonatos del Mundo y las Paralimpiadas, he tenido la oportunidad de ir a la Copa del Mundo celebrada en Mar del Plata (Argentina) a finales de los 90 y al Campeonato de Europa celebrado en Portugal en el 2009. La Copa del Mundo fue muy especial para mí pues España consiguió ser su campeona en ese año, fue la primera vez que España lo conseguía y me permitió conocer un fantástico país como es Argentina y a la familia internacional de la Boccia, el ambiente que allí se vivía era como una gran familia, en donde las banderas se difuminaban y solo había personas dedicadas a superarse, a conseguir un sueño y personas que se apasionaban por estar a su lado, apoyándolos, animándolos y sufriendo con ellos.

El hecho de tener un gran número de deportistas requería una buena coordinación de los entrenamientos y en los desplazamientos a las jornadas de la liga andaluza de Boccia y a las competiciones del resto de los deportes, movilizábamos a un gran número de deportistas y técnicos, para ello contábamos con la colaboración de ASPACE que nos dejaba utilizar sus vehículos adaptados, sin estos vehículos nuestros desplazamientos hubieran sido mucho más precarios y costosos a la vez que más peligrosos, pues estos vehículos contaban con las adaptaciones que aseguraban una mayor seguridad para los deportistas en silla de ruedas.

Los desplazamientos los hacíamos a Sevilla, Jerez de la Frontera, Córdoba, Huelva o San Fernando, en la liga autonómica, pero si alguno o algunos de nuestros deportistas conseguían clasificarse para el campeonato de España los desplazamientos podían ser a cualquier rincón de España.

Pero nuestra participación no solo se limitaba a competiciones como club, pues la F.E.D.P.C., organizó el Campeonato de España de Boccia por selecciones autonómicas, lo que suponía que nuestro club, con sus técnicos y deportistas iba a participar en la selección Andaluza de Boccia, cosa que así ocurrió y me nombraron a mí como el primer seleccionador de esta, honor que he asumido en varias ocasiones consiguiendo estar durante varios años entre las mejores selecciones autonómicas. Esta nueva competición hacia que el calendario se apretará más todavía haciéndome sentir que debía ir dejando y delegando funciones en otras personas de mi entorno con gran preparación y entusiasmo como así han demostrado en varias ocasiones y con muy buenos resultados.

En el año 2003, el club está muy compactado, hay un gran número de voluntarios, técnicos y deportistas, las relaciones con las distintas instituciones son muy fructíferas y muy diversificadas, contamos con un grupo de deportistas muy entregados y alguno de ellos con muy buena proyección, como luego se demostró con su participación en varias competiciones internacionales y con la consecución de varios campeonatos de España, con esta realidad nos planteamos la organización del Campeonato de España de Boccia y formamos un equipo de trabajo en el cual nos repartimos las funciones. Contamos con la participación de Juan García, trabajador del patronato de deportes del ayuntamiento de Granada, muy implicado en actividades para personas con minusvalías, también contamos con la ayuda de Juan Miguel Arráez, profesor de la Facultad de Ciencias de la Educación, proporcionándonos un gran número de voluntarios para este campeonato, todo el equipo se volcó en el evento y además a nivel deportivo conseguimos muy buenos resultados, el campeonato fue un éxito de organización, el resto de las delegaciones de toda España, nos felicitaron, dijeron que fue el mejor campeonato de España de Boccia de toda la historia.

Este acontecimiento nos hizo sentirnos orgullosos de nosotros mismos, nos demostramos que podríamos organizar lo que quisiéramos, fue un momento muy especial para todos, pudimos sentir como había hasta cierta envidia de lo bien que nos organizamos, pero para mí lo mejor de todo fue que supe transmitir a mis colaboradores que eso era de todos y que todos eran importantes en este proyecto, todos se volcaron y dieron lo mejor de sí haciendo posible que este evento fuera inmejorable en otras ediciones.

A partir de aquí se produjo una inflexión en el club, pues hubo voluntarios y colaboradores que decidieron dejar la actividad en el club y nos encontramos con un nuevo reto, el club era grande y debíamos seguir gestionándolo pero necesitábamos a nuevos colaboradores y voluntarios para continuar, pues el número de deportistas se mantenía, tuvimos la suerte de contar con nuevas y nuevos voluntarios que permitieron que la actividad del club deportivo continuara.

En esta nueva etapa nos planteamos una nueva forma de afrontar nuestra actuación, centrándonos más en los resultados deportivos y en nuevas campañas de captación de deportistas jóvenes, muy jóvenes, que aportaran savia nueva y la verdad que fue una gran idea pues nos aportaron nuevos retos.

Tuvimos la oportunidad de contar con un grupo de chicos de varias categorías, con los que nos enfrentamos a nuevos retos, sobre todo en el aspecto de nuevas técnicas de entrenamiento, pues no era lo mismo enseñar a chicos mayores que a niños pequeños, fue un trabajo muy complicado pero a la vez muy enriquecedor.

Participamos en varias competiciones oficiales y no oficiales en las que tuvimos muy buenos resultados con los deportistas más jóvenes, pero tampoco descuidamos a los deportistas que ya estaban, aunque estos ya sabían que la nueva orientación implicaba una mayor dedicación de estos a la actividad deportiva.

En este periodo fui delegando en las nuevas colaboradoras funciones de organización del club, más bien había que decir que nos repartimos las tareas y fue un acierto pues todos estábamos un poco más tranquilos y nos apoyábamos los unos a los otros en todas las actividades que se organizaban.

Con este nuevo equipo nos planteamos la organización del campeonato de España de Boccia en el año 2006, como ya hemos dicho antes, la organización es un éxito, el apoyo por parte de las administraciones del ayuntamiento de Armilla y de la Diputación es total pero sobre todo por parte de los trabajadores de las instalaciones de la Ciudad deportiva de Armilla que volcaron en todo momento y nos proporcionaron todo lo necesario para que este campeonato fuera todo un éxito.

En este año del 2006 se fue forjando y asentando la formación de la Federación Andaluza de Deportes para Personas con Parálisis Cerebral (F.A.D.P.C.), que como ya dije anteriormente, no hubiera sido posible sin la presencia de Julián Rebollo, gracias a su dedicación, conocimiento y predisposición hizo posible que esta federación saliera adelante, también tuvo a su lado a los compañeros del club deportivo los Desacuerdos de Sevilla y a todos los que nos pidió nuestra colaboración.

El nacimiento de esta federación estuvo sembrado de muchas dificultades las cuales fueron compensadas con la ilusión y las ganas que teníamos el colectivo del deporte de la parálisis cerebral, de que todo llegara a buen puerto, pero nos encontramos con el escepticismo de los dirigentes de las asociaciones ASPACE de Andalucía, la oposición de otras federaciones de deportes para discapacitados y poca confianza y el recelo que despertaba Julián entre algunos responsables del mundo de la discapacidad en Andalucía.

A pesar de todo esta federación empezó a andar, se formalizo la primera junta directiva, se presentaron los estatutos de la federación, se realizaron las primeras elecciones saliendo Julián como presidente y contó conmigo para ser su vicepresidente, cargo que he intentado ejercer con responsabilidad y apoyando las acciones de esta federación en beneficio del deporte para personas con parálisis cerebral e intentado mediar en los conflictos que surgieron en el seno de esta federación, que fueron muchos, pues los puntos de vista de cómo se debía dirigir esta federación eran muy variados, pero todavía estábamos empezando y había muchas cosas por hacer, debíamos asentarnos como federación y en un segundo paso ir depurando acciones, objetivos y estilos de trabajo y en eso estamos a día de hoy.

En el año 2005, se me presenta la oportunidad de trabajar en una comunidad terapéutica dependiente del servicio de salud de la Junta de Andalucía y la verdad es que no me lo pensé, deje ASPACE, me pedí una prorroga e inicie una nueva etapa en mi vida laboral, pero no deje mi compromiso con el Club Deportivo, seguí colaborando y amoldé mi nuevo horario de trabajo a mi compromiso con los deportistas. Mis compañeras del club y yo nos repartimos las funciones dentro del club, pero ahora ellas tenían más peso y responsabilidad y yo estaba para ayudarles en todo lo que ellas necesitaban, seguíamos con las competiciones de la liga andaluza, las competiciones de otros deportes como el Slalom y el atletismo, y seguía siendo el seleccionador andaluz de Boccia, este año la competición se hizo en el Ferrol, fue un viaje larguísimo, pues tuvimos que ir desde Granada a Sevilla, allí recogíamos al resto de la selección y continuamos viaje por Portugal hasta el Ferrol, el segundo día de la competición, cuando nos dirigíamos al pabellón sufrimos un accidente de tráfico con la furgoneta de ASPACE, estaba llena de deportista y voluntarios, no le paso nada a nadie pero el susto fue tremendo, no podíamos salir del vehículo, tuvieron que venir los bomberos para abrir la puerta, el estado de nervios era terrible, a pesar de todo nuestra selección se quedo tercera y las muestras de cariño por parte del resto de selecciones fueron muchas y emocionantes.

Este hecho hizo que yo me planteara, una vez más, que si tenía sentido dedicar tanto a esta actividad, teniendo a mis hijos y a mi mujer descuidados, les quitaba mucho tiempo y ese tiempo se lo daba a personas que no eran mi familia, mis remordimientos fueron creciendo, mis dudas sobre seguir o no seguir se acentuaban mas y mas, a pesar de todo esto seguí algunos años más.

A mediados del año 2006 tengo que dejar el trabajo de la comunidad terapéutica, pero tengo la oportunidad de entrar como monitor de educación especial de la Junta de Andalucía, la verdad es un trabajo que estaba deseando conseguir, me mandan a Motril a un instituto de secundaria, en el que tengo que atender a los chicos discapacitados que están en el instituto, hay dos chicos en silla de ruedas, uno con parálisis cerebral y otro con espina bífida, dada mi experiencia no me cuesta ningún trabajo adaptarme al trabajo, soy bien recibido por parte del personal laboral y del docente, durante los dos o tres primeros meses me mantengo con una actitud de observación, adaptación y predisposición a cualquier demanda por parte de la dirección del centro y de los compañeros.

Al inicio del siguiente curso planteo al profesorado de educación física la posibilidad de incorporarme a las clases de educación física de estos chicos, propuesta que los profesores acogen con mucho agrado y colaboración, también por parte de la dirección y les muestro la posibilidad de practicar la boccia y el slalom, los chicos lo acogen con ilusión pues les planteo que esto les permitiría viajar, conocer a otras personas con problemas como ellos y a voluntarios y voluntarias que les ayudarían a crecer como deportistas y como personas, así que comenzamos con su preparación deportiva y los inscribimos en el club deportivo ASPACE, participando en todas las actividades que organiza el club, entrenamientos en Granada, salidas a las competiciones de la liga autonómica e incluso llegamos a participar en el campeonato de España de Boccia, con muy buenos resultados, los padres de estos chicos se ilusionan con la nueva actividad que realizan sus hijos y me lo agradecen, cosa que me llena de alegría y satisfacción.

Durante un par de años, entramos de lleno en esta dinámica con gran ilusión por parte de todos, aunque descubrimos que la motivación no es la misma en los dos, conseguimos por parte del instituto que compraran un juego de boccia nuevo, que nos pinten un campo de boccia en el patio, organizamos competiciones de boccia durante el recreo, con el objetivo de que el resto de los alumnos conozcan la actividad que realizan sus compañeros discapacitados, influyendo en algunos de ellos a la hora de orientarse a nivel profesional, toda esta actividad ha hecho que los alumnos y profesores del instituto cambiaran su percepción sobre las posibilidades de estos alumnos y a la vez se me valorara mas en el centro, permitiéndoseme licencias para participar en las competiciones con la selección andaluza de boccia o con la selección española de boccia en el campeonato de Europa celebrado el Portugal en el año 2009.

En el club seguía colaborando con el resto de las voluntarias y voluntarios, aunque tuvimos que reorganizarnos pues dos de las colaboradoras más valiosas, Ana Fajardo y Celia, cambiaron de trabajo y de residencia, Ana se fue a Barcelona y Celia a Madrid, aquí quedamos otros que tuvimos que sacar el club adelante con la ayuda de los padres y de los voluntarios. También sigo con mi cargo de vicepresidente de la F.A.D.P.C. intentando ayudar en lo posible a Julián Rebollo, pues nos encontramos con algunos enfrentamientos con otra federación y con la falta de apoyo de la F.E.D.P.C., Julián decidió presentarse como candidato a presidente de la F.E.D.P.C., no consiguiendo los apoyos necesarios pero salió a la luz el enfrentamiento personal del presidente de esta hacia Julián, estos hechos nos hicieron alejarnos de la actividad federativa a nivel nacional y centrándonos en nuestra federación y el crecimiento de esta, pero esto se estaba tornado muy complicado pues seguían los enfrentamientos entre miembros de un club de Andalucía con la federación, alejándose de toda participación de la actividad federativa, estos problemas se acentúan con la crisis económica que estamos sufriendo, pues se reducen las ayudas que recibía la federación complicando la actividad de esta y reduciendo sus actuaciones, añadiendo la dificultad de que tenemos un número muy bajo de clubes, deportistas, técnicos y árbitros, Andalucía es muy grande y tenemos mucha dificultad para llegar a todas las provincias y a todo el colectivo susceptible de participar en nuestras actividades, por lo que nos tenemos que centrar en las actividades que hasta ahora veníamos desarrollando, tramitación de licencias, organización de la liga de boccia, participación en el campeonato de selecciones autonómicas, organización del campeonato de Andalucía de boccia, tomas de tiempos para los deportistas de Slalom, organización de las juntas directivas de la federación y sus asambleas.

En el año 2010, en Septiembre, después de un verano de meditación sobre mi futuro en el club y sopesando los pros y los contras, decido dejar el deporte pues considero que debo centrarme en mi familia, en terminar mi carrera, que he ido dejando de lado y sacándola a trompicones, pero sobre todo necesitaba centrarme en mis hijos, que están en una edad que necesitan de mi supervisión, mi compañera y yo decidimos ampliar nuestra formación acabando nuestros estudios universitarios, cosas que hicimos con éxito y con mucho esfuerzo, coordinándonos en las tareas domesticas y en la atención a nuestros hijos.

Si no hubiera tomado esta decisión y mis hijos hubieran fracasado en sus estudios no me lo hubiera perdonado nunca, ellos a veces me reprochan que no haya estado con ellos cuando eran más pequeños y esas palabras me duelen mucho, remueven mi conciencia y me reprocho el no haberlo dejado antes, aunque ellos reconocen que mi ejemplo de entrega a este colectivo les ha dado mucha fuerza para tener más conciencia de la realidad que nos ha tocado vivir.

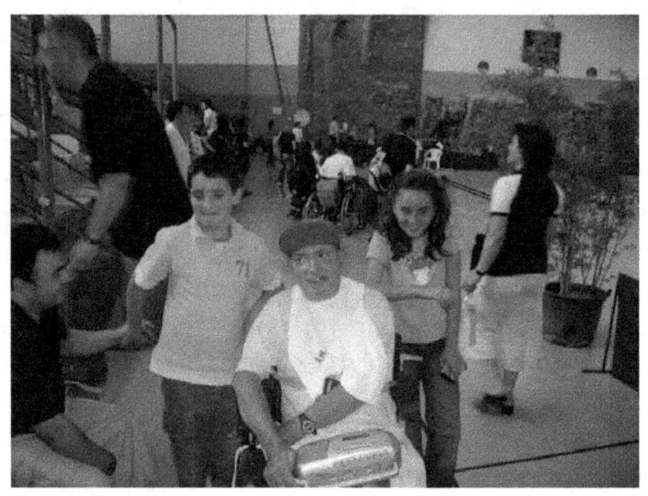

Mi relación de pareja también ha estado influenciada por mi actividad en la boccia, he dejado muchos fines de semana a mi pareja sola con los niños, viajes de varios días y ella sola con ellos, todas estas actividades han dejado una huella que en un momento dado a podido interferir en nuestra relación llegando a enfrentamientos por motivo de mi actividad, pero ella siempre ha sido una persona fuerte que me ha aportado equilibrio, me ha puesto los pies sobre la tierra y me ha enseñado a valorar y a cuidar lo realmente importante para mi vida y lo más importante para mi vida son mis hijos y mi pareja, esta es la causa y el motivo por el que dejé la boccia de manera activa, pues en el instituto donde trabajo sigo entrenando a uno de los chicos que continua participando, el otro lo dejó cuando se entero que yo lo dejaba, aunque le animé a continuar pero él no se sentía seguro de sí mismo, enfrentarse a esta actividad sin mi apoyo, aunque yo siempre se lo he dado y siempre lo tendrá, como todos los deportistas que he conocido.

Quiero hacer una mención especial a varias personas que han sido muy especiales para mí durante todo el tiempo que me he dedicado a la boccia, la lista puede parecer un poco larga pero creo que debo hacerlo pues son personas que me han aportado cosas muy positivas, me han influido de alguna manera o han colaborado conmigo en alguna etapa de mi "vida bochera".

Primero destacar a José Luis Sirera y a Florencio Díaz, han sido para mí mis maestros y mis amigos en este mundo, me han enseñado todo lo que se de este deporte.

Juan Miguel Arráez, profesor de la Facultad de Ciencias de la Educación, el siempre me ha apoyado en todas las actividades relacionadas con el deporte adaptado, ha colaborado desinteresadamente con el club deportivo y me ha dado la oportunidad de exponer ante sus alumnos que es esto de la boccia.

Manolo Borras, Raquel, Ana León, Abel, Patricia, Sandra, María, Vito, Fermín Castillo, Alex, Che, todos formaron un grupo de voluntarios que llevaron a lo más alto al Club Deportivo ASPACE, en la primera etapa hasta el año 2003, trabajaron de forma entregada y pusieron las bases para que el club creciera de forma firme.

Rubén, Miguel Ángel, Juanma, Manuel Vázquez, Pepe Rodríguez, Manolo Izco, Raúl de San Fernando, Desi de Sevilla, Manoli de Sevilla, Raquel de Sevilla, Karmele, Álvaro, Ángel, árbitro de Madrid, Isaac, Joan, todas estas personas son técnicos de otras comunidades autónomas y de clubes de Andalucía, son personas con las que he compartido muchas experiencias en campeonatos de España, tanto de clubes como de selecciones autonómicas, también hemos compartido con algunos de ellos concentraciones de la selección Española y competiciones internacionales.

Quisiera hacer una mención especial a todos los técnicos y voluntarios que he conocido de la comunidad de Extremadura, mi relación con ellos ha sido muy especial, no voy a decir nombres porque me olvidaría de algunos y para mí el solo hecho de rememorar algunos recuerdos me llena de emoción, solo voy a nombrar a Marta, por todo lo que ella ha vivido y compartido conmigo.

También quisiera tener un recuerdo especial a los técnicos, voluntarios y deportistas del Club Deportivo Tartesos, de Huelva, que aunque ya no están pero siempre fueron personas muy entrañables para mí, al igual que los voluntarios que formaron parte del club FRATER de Córdoba, dejaron un buen legado en esta ciudad y ahora parece que se está retomando.

Mariano Méndez y Maite Garrido, padres de un chico afectado de P.C. que fueron los que me introdujeron en el deporte y me transmitieron la ilusión por esta actividad.

Aureliano Tapia, Toñi, Jorge, Pepe, Mª Elena, José Luis Cuerva, Raúl Plata, Manolo Gómez, Virginia Mansilla, José Luis Muñoz, Jesús Moraga, Mohamed, Francisco Ruiz (El tato), José Antonio Gallego, Rosario Sánchez, José L. Martínez, Luis Molina, José L. Blanco, Fernando Barrera, Manuel A. Martin (el Jamonero), José M. Casares, Fernando Antúnez, Juanlu, Álvaro, Julio, Nacho, vosotros tenis la culpa de que yo me haya dedicado tanto tiempo a esto del deporte, vosotros los deportistas de mi club, que me habéis dado tantas alegrías pero también algunos disgustos, gracias por haberme enseñado tantas cosas, por haberme hecho sentir tantas emociones, gracias por todos esos momentos de alegría, gracias por vuestra amistad, espero haberos aportado algo a lo largo de todos estos años.

Juan Lao, Juanma Moreno, Rosana Oliver, Milagros Muñoz, Ángel de Tena, Francis, Chema, Santi Pesquera, Paco Beltrán, Chuchi, vosotros sois deportistas con los que he tenido una relación especial aunque no sois de mi club pero hemos compartido muchos momentos en la liga autonómica, en la selección andaluza, o en la selección española, gracias por vuestra amistad y por dejaros aconsejar en algún momento por mí, espero que os haya servido de algo, siempre os recordaré como a personas de una gran valía y espíritu de superación.

Guardo un recuerdo especial por Cristina, Mª Paz y José, voluntarios del club en mi última etapa, son personas que se entregaron con pasión y alegría dejando una gran huella en el club y en los deportistas, para mi eran como unos hijos a los que debía cuidar, gracias por vuestra amistad.

Por ultimo quisiera destacar a tres personas muy especiales que han conseguido que nuestro club saliera adelante en momentos muy complicados, pero ellas han sacado fuerza para tirar adelante, impregnando sus actuaciones de buen criterio, sentido común, cariño y amistad, muchísimas gracias a Ana Fajardo, Celia Asorey y muy especialmente a María Mora, que siempre ha estado ahí, con su rabia ante las injusticias, su buen humor y esa fuerza que nos ha sacado de momentos muy delicados, gracias a las tres por que habéis sentado las bases de lo que debe ser un buen voluntario, gracias por vuestro compromiso. Gracias por hacerme más fácil la decisión de dejar mi actividad en el club, gracias de corazón, siempre os tendré como unas buenas amigas, aunque sereis mis niñas de la boccia.

Durante dieciocho años he conocido a muchas personas relacionadas con el mundo del deporte adaptado, unas han tenido más influencia que otras pero todas me han aportado algo, y a todas ellas y en especial a mi familia, quisiera dedicar esta recopilación de conocimientos, aportaciones y vivencias que aquí he plasmado, gracias a todos por lo que me habéis dado, nunca os podre olvidar.

En Granada a 26 de Julio de 2012.

BIBLIOGRAFÍA:

- BLÁZQUEZ, D. 1986 *"Iniciación a los deportes de equipo"*. Barcelona. Ediciones Martínez Roca.

- *"Reglamento de Juego de BOCCIA"*. Federación Española de Deportes de Paralíticos Cerebrales. 1996.

- SOLA, T. LÓPEZ, N. 1998 *"Aspectos didácticos y organizativos de la educación especial"*. Granada Grupo Editorial Universitario.

- PONZ, F. BARBER, A. 1990 *"Neurofisiología"*. Navarra. Ed. Síntesis..

- BOBATH, B. & BOBATH, K. 1976 *"Desarrollo motor en distintos tipos de parálisis cerebral"*. Buenos Aires. Ed. Panamericana.

- Reglamento de Slalom, de la Federación Española de Deporte de Parálisis Cerebral, Madrid 2008.

- Manual de entrenamiento de boccia de la F.E.D.P.C.

- MCARDE,W.D.,KATCH,F.I., KATCH, V. L. *"Fisiología del ejercicio"* (Alianza Deporte)

- BEAUCHAMP, A., GRAVELINE, R., QUIVIGER, C. *"Cómo animar un grupo "*(Edit. Sal Térrea)

- Educación física de base, dossier pedagógico N° 1 Edit.Gimnos. Varios autores.

- ARRAEZ MARTINEZ, J.M. 1997,*"¿Puedo jugar yo?"*. Granada. Proyecto Sur de Ediciones S.L.

- TOLEDO GONZALES, M.1994."*fundamentos de neurología para educadores*". Sevilla. Ed. Ideo.

- RIOS HERNANDEZ, M., BLANCO RODRIGUEZ, A., BONANY JANE, T., CAROL GRES, N.. 1998. Barcelona. Ed. Peidotribo.

- http://www.feaps.org/biblioteca/sindromes_y_apo yos/capitulo14.pdf

- http://www.aspace.org/paralisis-cerebral/tipos-de-paralisis-cerebral
- http://www.aspace.org/paralisis-cerebral/que-es
- http://www.aspace.org/paralisis-cerebral/efectos
- http://www.aspace.org/paralisis-cerebral/otras-dificultades-asociadas
- **http://www.fedpc.org/upload%5Creglamentos %5CREGLAMENTO%20SLALOM%202009-2012.pdf**
- http://blogdejosefranciscolauracordoba.file s.wordpress.com/2010/01/6-deporteprimaria.pdf

FRANCISCO COBO SABARIEGO: Maestro en educación especial, Entrenador Nacional de Boccia por la Federación Española de Deportes de Parálisis Cerebral. Responsable del Club Deportivo ASPACE GRANADA, desde 1993 al 2009. Vicepresidente de la Federación Andaluza de Deportes para Personas con Parálisis Cerebral. Monitor de Educación Especial de la Junta de Andalucía.

MARÍA C. PÉREZ ESTÉVEZ: Psicopedagoga, Maestra en educación especial. Voluntaria del Club Deportivo ASPACE GRANADA, desde 1993 al 2000. Monitora de Educación Especial de la Junta de Andalucía.